Leena Volland & Florian Schreckenbach

Dein Weg zur Nachhaltigkeit – 350 – praktische Tipps für den Alltag

nachhaltig-sein.info

Bibliografische Information der Deutschen Nationalbibliothek:
Die Deutsche Nationalbibliothek verzeichnet diese Publikation in der Deutschen Nationalbibliografie; detaillierte bibliografische Daten sind im Internet über http://dnb.dnb.de abrufbar.

© 2016 Leena Volland, Florian Schreckenbach
weitere Mitwirkende: Kilian Soddemann
Titel-Illustration: Kyra Porada

Herstellung und Verlag:
BoD – Books on Demand, Norderstedt

ISBN: 978-3-7431-3753-0

Inhaltsverzeichnis

Vorwort: Der Erde ist egal, ob wir sie retten 7

Fünf Prinzipien der Nachhaltigkeit 11

Konsum 12
Der wahre Preis der Dinge 12
Wie unser Konsum den Regenwald beeinflusst 20

Ernährung 26
Lebensmitteltransporte mit dem Flugzeug 26
Saisonal und regional – gut für die Umwelt 33
Fleisch, Tierprodukte und vegane Ernährung 38
Welchen Fisch dürfen wir noch essen? 45

Kleidung 49
Baumwolle: Wie kann Mode so günstig sein? 49
Warum Pelze zurück sind oder nie weg waren 57
Das blutige Geschäft mit der Wolle 62
Die andere Wahrheit über Altkleider 66

Strom 73
Kohle-, Atom- und Ökostrom: Ein Vergleich 73

Elektronik & Internet 87
Wertvolle und konfliktbehaftete Rohstoffe 87
Wie nachhaltig ist das Internet? 93

Plastik 98
Gibt es heute wieder Plastik zu essen? 98
Mikroplastik: Eine Gefahr für die Umwelt 106
Die Biogurke im Plastikmantel 109

Papier 113
Die Zukunft der Wälder und das Papier 113

Müll 121
Wie viel Wegwerfgesellschaft sind wir? 121

Garten & Balkon 130
Wie Hobby-Gärtner der Natur helfen können 130

Freizeit & Events 138
Wie man nachhaltige Mobilität umsetzt 138
Volkssport Grillen: Eine Ökobilanz 144
Von Green Weddings bis Klima-Weihnacht 151
Richtig schenken: Ein Leitfaden 157

Allein Taten sind gefragt 165
Über die Lüge, Gewohnheiten zu verändern 166

Quellenangaben 172

Vorwort: Der Erde ist egal, ob wir sie retten

Wir lieben unsere Erde mit ihren rauen Gebirgen, grünen Wäldern, weiten Stränden und wilden Ozeanen. Als Menschen sind wir ein Teil von ihr und sie ist die Grundlage unseres Lebens – und Überlebens. Schon vor Jahren haben wir uns entschieden: Wir wollen diese Welt erhalten, damit sie auch für unsere Kinder noch lebens- und liebenswert ist. Klar ist dabei: Unser aktuelles Konsum- und Lebensverhalten hat langfristig keine Zukunft.

Wir verbrauchen knapp 60% mehr Ressourcen als nachwachsen können. Unser Verlangen nach immer verfügbaren Gütern zu günstigen Preisen schürt eine Industrie und Landwirtschaft, die ignorant gegenüber dem ökologischen und sozialen Gleichgewicht ist. Daraus erwachsen die größten Umweltprobleme unserer Zeit: Klimawandel, Umweltverschmutzung, Artensterben und Wasserknappheit. Das Wissen und die Fakten darüber sind bekannt, durch wissenschaftliche Berichte gestützt und durch Medien verbreitet. „Wir müssen handeln! Wir müssen die Erde retten!" heißt es dann.

Ehrlich gesprochen: Der Erde ist es egal, ob wir sie retten. Sie muss nicht gerettet werden. Seit rund 4,6 Milliarden Jahren bewegt sie sich durch den Weltraum, vor rund 3,5 Milliarden Jahren tauchten die ersten Fossilien auf, das erste Leben, und seit 195 Millionen Jahren entwickeln sich die Säugetiere. Der Mensch macht in dieser Zeitleiste nur einen kurzen Wimpernschlag aus. Sein Fußabdruck auf dem Planeten ist jedoch unübersehbar. Der Erde ist das dennoch egal, denn die Natur findet ihren Weg. Es ist ein langsamer Prozess, aber über Jahrhunderte und Jahrtausende hinweg werden sich Pflanzen und Tiere anpassen. Wer es nicht schafft, sich an übersäuerte Böden, verschmutztes Wasser und extreme Klimata anzupassen, stirbt aus. Der Planet wird sich dennoch weiter drehen. Er hat kein Umweltproblem, der Mensch hat es. Und der Mensch muss sich ändern oder er wird geändert werden. Wenn wir also sagen: „Wir müssen die Erde retten", meinen wir eigentlich: „Wir müssen uns retten."

Damit alles so bleibt, wie es ist, muss sich vieles ändern. Und wenn jemand etwas verändern möchte, muss er bei sich selbst anfangen. Wir haben das Glück in unserer Gesellschaft, frei entscheiden und offen reden zu können. Wir haben nicht nur die Wahl, wir treffen sie auch. Jeden Tag, mit jeder Handlung und jedem Wort. Wir sind alle Teil des Problems. Und wir sind auch alle Teil der Lösung. Wir können uns jederzeit dazu entscheiden, Verantwortung für unser Handeln zu übernehmen, unseren Lebensstil und unser Konsumverhalten zu reflektieren, umzudenken und zu verändern.

Das ist nicht immer leicht und sicher ist auch nicht jede Lösung perfekt. Aber wir glauben, dass Nachhaltigkeit eine Pflicht ist, die wir uns und den nachfolgenden Generationen schuldig sind. Wir wollen nicht nach Gründen suchen, um etwas nicht zu machen, sondern es einfach tun. Nicht erst morgen, sondern schon heute. Wir wollen nicht zuschauen, sondern aktiv werden. Wir wollen etwas bewegen und zeigen, dass Nachhaltigkeit erlebbar und umsetzbar ist. Wir glauben, dass ein bewusster Konsum und eine angemessene Lebensweise etwas bewirken können, dass Verzicht glücklich machen kann und ein Wandel jederzeit möglich ist. Dass wir als

Menschen etwas verändern und die Herausforderungen der Zukunft meistern können. Wir glauben, dass wir es uns nicht mehr leisten können, die Verantwortung abzuschieben auf „die Konzerne" oder „die Politiker". Nicht bei allem, was wir über den Zustand unserer Erde wissen.

Seit 2013 teilen wir das, was wir zur Nachhaltigkeit erfahren, reflektiert und gelernt haben, auf dem Blog nachhaltig-sein.info. Er ist ein ehrenamtliches Projekt und mit unseren Artikeln wollen wir Verständnis für die Zusammenhänge schaffen, unsere Motivation skizzieren und dazu beitragen, praktische Lösungen zu finden. So wollen wir allen, die selbst etwas verändern möchten, einen Startpunkt geben. Für dieses Konzept wurde der Blog von den Vereinten Nationen als Einzelprojekt „Bildung für nachhaltige Entwicklung" ausgezeichnet.

Aus unserem Blog ist dieses Handbuch gewachsen. Es greift die dort behandelten Themen auf und folgt dem gleichen Prinzip: Es erklärt, welche Auswirkungen unser tägliches Handeln auf Umwelt und Menschen hat und es nennt am Ende jedes Unterkapitels konkrete praktische Lösungsvorschläge. Denn neben dem „Warum?" ist genau dieses „Wie?" der Schlüssel für die dringend notwendige Veränderung. Dieses Buch ist gedacht als Anleitung, Nachschlagewerk und Inspirationsquelle für weitere Recherchen. Es gibt viele praktische Tipps zum Umsetzen im eigenen Alltag und zahlreiche Hinweise auf weiterführende Informationen, Studien, Apps und Tools. Um den Zugriff auf diese Quellen zu erleichtern und umständliche Links mit Sonderzeichen zu vermeiden, werden alle Links durch Kurz-URLs dargestellt, die auf die eigentliche Website weiterleiten. Sie sind benutzerfreundlicher und lassen sich leichter abtippen bzw. kopieren.

Es geht bei diesem Ratgeber nicht darum, jeden Lösungsvorschlag sofort umzusetzen. Ganz im Gegenteil: Wer sich zu viel auf einmal vornimmt, fühlt sich überfordert und wird scheitern (vgl. dazu das finale Unterkapitel *„Über die Lüge, Gewohnheiten zu verändern"*). Vielmehr geht es darum, im Rahmen der eigenen Möglichkeiten zu agieren – und das ab sofort. In einem Umfeld, das wir beobachten und beeinflussen können, nach dem Motto „Global denken, lokal handeln." Auch wenn wir dabei kleine Schritte machen, sie bringen uns dennoch voran.

Wir danken Kilian Soddemann für seine Beiträge über vegane Ernährung (S. 39ff.), den Raubbau in der Tiefsee (S. 45f.) und das blutige Geschäft mit der Wolle (S. 62ff.). Seine Perspektiven der Tierrechte und Tierethik sind wertvolle Ergänzungen, nicht nur in diesem Buch, sondern auch bei unseren Gesprächen. Wir danken außerdem Simon Baar für sein Lektorat und sein konstruktives Feedback.

Ein Dankeschön geht zudem an unseren weiteren ehrenamtlichen Blog-Autor Matthias Heck und unsere Gastautoren, an unsere Blog-Leser, unsere Freunde und all die Menschen, die uns auf dem Weg der Nachhaltigkeit begleiten. Dieser Zuspruch, die Diskussionen, die ehrliche Kritik und die Impulse sind eine enorme Motivation. Und zuletzt danken wir unseren Familien, die mit viel Geduld jede neue Veränderung mittragen und so manche Traurigkeit auffangen, die bei diesem Thema zwangsläufig entsteht.

Leena Volland & Florian Schreckenbach

Fünf Prinzipien der Nachhaltigkeit

1. Wenn du etwas ändern willst, fange bei dir selbst an, und zwar heute.

2. Denke nicht in Problemen, sondern in Lösungswegen.

3. Es gibt keine Ausreden: Informiere dich und handle dann.

4. Investiere keine Zeit in die Kritik der Lösungsansätze anderer Leute, sofern du keinen besseren Weg kennst – und vor allem gehst.

5. Dein Handeln sollte stets bestimmt sein von der Frage: „Garantiert mein Lebensstil heute eine menschenwürdige Umwelt für meine Kinder und Enkel?"

Konsum

„Das kaufe ich mir." – „Brauchst Du es denn?" – „Naja, ist schon ganz praktisch. Es kostet ja eh nicht viel." Ganz ehrlich: Wir alle haben diesen Satz schon einmal gesagt. Aber was kostet unser Konsum wirklich? Einerseits kostet die Sache, die wir uns kaufen, natürlich Geld. Die Kenngröße für Konsum ist daher der monetäre Wert in Euro. Diese Kosten kennen wir. Aber dies ist nur eine Seite des Konsums.

Der wahre Preis der Dinge

Die andere Seite verlangt einen Perspektivenwechsel. Hier erkennen wir, dass die Kosten mehr sind als Geld und dass man die Kosten der materiellen Dinge noch quantifizieren kann – und auch sollte. Denn wir zahlen weit höhere Kosten für unseren Konsum, als uns oftmals bewusst ist.

Die Kosten der Umwelt

So wie wir und unsere Kinder die Staatsschulden irgendwann bezahlen müssen, so müssen wir auch die Kosten der Umwelt irgendwann bezahlen. In manchen Teilen der Welt zahlt die Bevölkerung schon heute den Preis für unseren Konsum. Mit Dürren und Hungersnöten, mit Luftverschmutzung und Gesundheitsbelastung. Für die Güter, die wir uns kaufen, braucht es Ressourcen: Holz aus dem Wald, Erz aus den Minen, Öl für Plastik und Transport. Egal, was wir kaufen, irgendwo auf dieser Welt hat das Produkt seinen Anfang genommen und fast immer bleiben die Ressourcen, die dafür entfernt wurden, der Welt entnommen. Die wenigsten sind regenerativ. Irgendwann werden uns diese Rohstoffe fehlen.

Die Kosten der Wertschöpfung

Was kostet Apfelmus? Die übliche Antwort ist: 1,50€. Eine andere Antwort lautet: ca. zwei bis drei Stunden Arbeit. Die Äpfel müssen gepflückt, gewaschen und klein geschnitten werden, jemand muss sie aufkochen, abschmecken, die Gläser auskochen und das Apfelmus abfüllen. Durch die Globalisierung und die ständige Verfügbarkeit von fast Allem verlieren wir das Bewusstsein für den Wertschöpfungsprozess. Bei jedem Ding, das wir kaufen, haben sich mehrere Unternehmen damit beschäftigt, es gut zu machen. Denn selten macht ein Unternehmen alles. Nachdem die Bestandteile des Produktes von verschiedenen internationalen Orten zusammen getragen und montiert wurden, wird es nach Deutschland transportiert. Dort holen wir es im Laden ab oder lassen es uns zuschicken. Was für die einen – nämlich die Mitarbeiter der herstellenden Unternehmen – ihre Arbeit ist, ist für uns „nur ein Produkt". Ist dieses Produkt aber unser Apfelmus, das wir selbst in mühsamer Arbeit gemacht haben, wissen wir es viel mehr zu schätzen. Wir sollten uns daher vor jedem Kauf überlegen, von wem diese Sache hergestellt wurde, bevor wir sie achtlos erwerben, nicht wirklich brauchen und bald wieder wegwerfen.

Die Kosten des Aufbewahrens

Lange haben wir es vor uns hergeschoben. Wir haben keine Lust darauf, aber es ungetan zu lassen, belastet uns. Ist es dann getan, fühlen wir uns viel besser und nicht mehr so eingeengt. Die Rede ist vom Ausmisten. Es enthält schon eine gewisse Ironie, dass wir uns in einer aussortierten Wohnung wohler fühlen, aber trotzdem leichtfertig neue Dinge kaufen, für die wir den freien Platz wieder nutzen müssen. Ist eine Sache gekauft, fällt uns die Wahrnehmung in den Rücken: Der vorherige Gedanke „Es ist schon recht voll hier" wird durch den neuen „Naja, wir haben doch noch Stauraum" abgelöst. Irgendwie können wir die neuen Sachen noch unterbringen, sagen wir uns. Und schon ist der Weg frei, uns Schritt für Schritt weiter zuzustellen.

Die Kosten des Mehr-Wollens

Gekaufte Dinge gehen mal kaputt und wir müssen uns dafür einen Ersatz kaufen – auch wenn wir das Ding vielleicht nie wirklich gebraucht haben. Manchmal funktioniert ein Ding noch tadellos, aber wir glauben, dass es nicht mehr gut genug sei. Weil jemand, den wir kennen, ein neueres Modell hat und damit „voll zufrieden" ist und „es nur jedem empfehlen kann". Oder weil es eine „wichtige" Erweiterung gibt. Schon kaufen wir es. Das alte Gerät verkaufen wir „ganz nachhaltig" bei eBay, mit reinem Gewissen. So werden aus einem Kauf viele weitere Käufe.

Die Kosten der Entsorgung

Nicht immer schenken wir unseren alten Sachen ein zweites Leben. Wir geben sie nicht weiter, wir verkaufen sie nicht, wir heben sie auch nicht auf, sondern werfen sie in den Müll. 462 Kilogramm Abfall pro Jahr erzeugt jeder Deutsche im Durchschnitt. Die Recyclingquote liegt aber nur bei 66%, der Rest wird verbrannt. Recycling bedeutet nicht, dass aus dem weggeworfenen Ding das gleiche Produkt gefertigt werden kann. Vielmehr wird zum Beispiel aus einer Plastikflasche ein Fleece-Pullover. Und wird dieser nicht mehr gebraucht, entsteht aus dem Pulli vielleicht noch ein Putzlappen. Ganz am Ende wird dieser Lappen dann verbrannt. Von einer Kreislaufwirtschaft sind wir noch weit entfernt. Ein Kreislauf würde bedeuten, dass die Rohstoffe aus unseren weggeworfenen Produkten zurückgewonnen werden, um daraus wieder – oder zumindest mehrheitlich – das gleiche Produkt herzustellen. Solange wir noch keine Kreislaufwirtschaft erreicht haben, fallen immense Kosten an.

Die Kosten der Abhängigkeit

Wenn wir nicht wissen, was uns im Leben wichtig ist, dann können wir nie wirklich glücklich werden. Wir suchen nach einem Sinn und versuchen ihn umzusetzen. Und wir schließen die Lücken unserer Suche auch durch den Kauf materieller Dinge, die uns gefallen. Sie zu kaufen gibt uns ein positives Gefühl, eine Zufriedenheit, ohne die uns etwas fehlt. Was wir dabei aber nicht bemerken: Wir werden abhängig von unserem Besitz. Das Zeug besitzt uns und unsere Zufriedenheit. Wollen wir das? Sind die besten Dinge im Leben wirklich die Dinge, die wir kaufen können?

Die Herausforderung in Sachen Nachhaltigkeit ist, den persönlichen Weg zu finden und ihn zu gehen, in kleinen oder großen Schritten – eben so, wie es für uns gerade angemessen ist. So geht es dem Einen leicht von der Hand, seine Gewohnheiten in großem Maße zu ändern, dem Anderen ist es aber durch seine Lebenssituation oder seinen Gemütszustand (noch) nicht möglich. Es muss nicht immer die radikale, nachhaltige Revolution sein. Auch kleine Veränderungen tragen dazu bei, den ökologischen Fußabdruck ein Stück zu reduzieren. Würde sich zum Beispiel jeder von uns dazu entscheiden, keine Plastik-Trinkhalme mehr zu verwenden, könnten wir allein dadurch im Jahr 25.000 Tonnen Plastikmüll einsparen und 3.750 Tonnen CO2, die bei der Entsorgung durch Verbrennung entstehen. Dabei verzichtet jeder „nur" auf einen Strohhalm.

Im Alltag fällt es uns häufig leichter, unsere Gewohnheiten sukzessive zu verändern. So dauert der ganze Prozess zwar länger, aber das Gefühl von Verzicht, Verlust oder Aufopferung bleibt aus. Das Ziel erreichen wir am Ende dann doch.

Der Weg aus kleinen Schritten

1. **Beobachten und analysieren:** Indem wir unser eigenes Genuss- und Konsumverhalten erforschen, lernen wir nicht nur mehr über unsere Gewohnheiten, sondern können auch identifizieren, an welchem Hebel wir zuerst etwas verändern können und wollen. Hilfreiche Fragen in dieser Phase sind:
   o Welche Produkte kaufe ich eigentlich?
   o Auf welche kann ich nicht verzichten und auf welche schon?
   o Wie schwer fällt es mir, auf Alternativen auszuweichen?

- o Welche Aspekte der Nachhaltigkeit sind mir am Wichtigsten (Arbeitsbedingungen in den Herstellerländern, CO2-Reduktion, Aktivitäten gegen Kinderarbeit, Erhaltung der Regenwälder, Tierschutz etc.)?
- o Welche Informationen finde ich über meine Lieblingsprodukte?
- o Fühle ich mich besser, wenn ich ein „gutes Produkt" gekauft habe?
- o Fühle ich einen Verlust und warum?

2. **Sich für einen Themenbereich und ein Ziel entscheiden:** Sicher gibt es Bereiche, in denen es uns leichter fällt, etwas zu verändern. Genau hier ist ein guter Startpunkt, wenn wir unser Ziel erreichen und unser Verhalten langfristig verändern wollen. Oft sind das Bereiche, die kurzfristig und mit relativ wenig Aufwand umsetzbar sind, zum Beispiel: „Beim Kaffee nachhaltiger handeln, aber nicht ganz drauf verzichten."

3. **Nach Verbesserungsmöglichkeiten suchen:** Haben wir uns für einen Bereich entschieden, den wir uns vornehmen wollen, müssen wir Alternativen finden. Wichtig ist hier, dass dadurch nicht ein negatives Gefühl von Verzicht entsteht, denn dann werden wir diesen Weg nicht bis zum Ende gehen:
    - o Gibt es nachhaltigere Alternativen zu den gekauften Produkten, die ich vielleicht

noch nicht verwendet habe, die mir aber sehr gut gefallen?
- Wenn ich nicht verzichten möchte, kann ich den Verbrauch vielleicht reduzieren?
- Was müsste geschehen, damit ich ganz verzichten kann?
- Wie lassen sich neue Routinen für mich in den Alltag integrieren (z. B. ein veganer Tag)?
- Kann ich die Perspektive wechseln und den vermeintlichen Verzicht so zu einem Erfolgserlebnis machen (z. B. die Handlung als „Challenge" sehen)?

4. **Sich auf einen Schritt festlegen und ihn dann gehen:** Haben wir uns für eine Veränderung entschieden, setzen wir sie um, und zwar konsequent, bis wir unser Ziel erreichen. Dabei können wir natürlich auch Alternativprodukte wechseln oder neue Methoden ausprobieren. Bleiben wir beim Beispiel „Kaffee":
   - Wir kaufen ab sofort nur noch biologischen, fair gehandelten Kaffee.
   - Irgendwann fällt uns die alte Filterkaffeemaschine im Keller ein, die in der Ökobilanz erheblich besser abschneidet als unser Vollautomat. Wir tauschen das Gerät.
   - Unterwegs verzichten wir auf To-Go-Kaffee im Wegwerfbecher und kaufen im Supermarkt oder an der Tankstelle auch keinen gekühlten Kaffee in der Plastikfla-

sche mehr. So reduzieren wir unseren ökologischen Fußabdruck immer weiter.
    o   Nach eigenem Ermessen können wir dabei einzelne Handlungsmöglichkeiten Stück für Stück oder alle gleichzeitig umsetzen.

5. **Den nächsten Schritt gehen:** Irgendwann werden wir feststellen, dass wir uns an eine Veränderung so sehr gewöhnt haben, dass wir sie automatisch umsetzen. Wir denken nicht mehr darüber nach und es kostet keine Anstrengung, sich für die nachhaltige Alternative zu entscheiden. Dann ist der Zeitpunkt gekommen, sich den nächsten Schritt vorzunehmen: sich wieder beobachten, analysieren, entscheiden, nach Lösungen suchen und loslaufen.

Wie unser Konsum den Regenwald beeinflusst

Ein Beispiel für den wahren Preis, den wir mit dem Kauf von Produkten bezahlen, sind die tropischen Regenwälder. Mit ihrer vielfältigen Flora und Fauna haben sie eine besondere Faszination. Drei von vier der heute bekannten biologischen Arten (und das sind immerhin 1,85 Millionen) stammen aus den Tropenwäldern. In Peru beispielsweise wachsen auf einem Hektar Regenwald 283 Baumarten. Die meisten deutschen Wälder bestehen aus gerade einmal fünf Baumarten.

Doch die Tropenwälder sind noch viel mehr als eine Schatzkammer der Biodiversität. Auch in unserem täglichen Leben spielt der Dschungel am Ende der Welt eine größere Rolle als wir denken. Umso dramatischer ist, dass seine Fläche immer weiter abnimmt. Bis heute hat der Mensch schon die Hälfte aller ursprünglichen Regenwälder vernichtet und immer noch werden jeden Tag über 425 Quadratkilometer gerodet – eine Fläche größer als Köln.

Die Bedeutung der Tropenwälder

Die tropischen Regenwälder sind nicht nur Lebensraum für unzählige Tier- und Pflanzenarten, sondern auch für Menschen. Nach Schätzungen der Welternährungsorganisation FAO leben weltweit rund 300 Millionen Menschen in oder am Rand der Urwälder, unter ihnen viele indigene Völker und Stämme, jeder mit einer eigenen Kultur und Sprache. Ihr Überleben ist eng mit dem der Regenwälder verbunden. Obendrein haben die Tropenwälder einen erheblichen Einfluss auf Umwelt und Klima, denn das thermische Tiefdruckgebiet und die Verdunstung wirken sich auf den Verlauf der Luftströme und der Meeresströmungen aus. Diese Effekte beeinflussen nicht nur das regionale Klima, sondern haben die Funktion einer globalen Klimaanlage.

Daneben sind Biomasse und Böden ein enormer Kohlenstoffspeicher: Laut Schätzungen haben die Tropenwälder im Laufe ihres Entstehens 275 Milliarden Tonnen CO_2 aus der Atmosphäre gezogen und gespeichert. Auch absorbieren sie CO_2 – und zwar weit mehr, als man bisher angenommen hat. Eine Studie der NASA schätzt, dass die Tropenwälder rund 1,4 Milliarden Tonnen CO_2 aufnehmen, das entspricht 56% der weltweiten jährlichen Absorption und ist mehr, als alle Wälder in Kanada, Sibirien und anderen nordischen Regionen aus der Atmosphäre binden.

Die Regenwälder speichern außerdem Wasser in großen Mengen. Der Wasserkreislauf ist für die stabile Feuchtigkeit verantwortlich und wirkt sich positiv auf angrenzende Gebiete aus: Die Niederschläge verteilen sich und verbessern die Standortbedingungen für landwirtschaftliche Nutzflächen in der Umgebung.

Neben alledem bieten die Böden viel Erosionsschutz, sodass auch bei Starkregen keine Hänge abrutschen, anders als bei gerodeten Flächen.

Der Mensch verdankt den Urwäldern zahlreiche Produkte, denn viele der heutigen Kulturpflanzen stammen ursprünglich aus den Tropen und wurden anfänglich dort angebaut: exotische Früchte, Kaffee, Kakao, Kartoffeln, Soja und Gewürze wie Chili, Ingwer, Nelken, Muskat, Zimt oder Vanille. Auch für die Medizin spielten – und spielen bis heute – die Tropen eine große Rolle als Zutaten für Medikamente. So hilft ein

Stoff aus dem Amazonas-Chinarindenbaum gegen Malaria, Pilze produzieren Antibiotika und auch die Anti-Babypille hat ihren Ursprung in den Säften von Lianen. Weitere Ressourcen, vor allem Holz, Palmöl, Kautschuk und Pflanzenfasern, sind für viele Wirtschaftsbranchen unverzichtbar. Und die Regenwälder müssen dem Profit weichen.

Die Relation zwischen Konsum und Urwald

In Brasilien ist der Sojaanbau die größte Bedrohung für den Amazonas-Regenwald. Die Nachfrage der Viehwirtschaft an dem eiweißreichen Futtermittel ist unersättlich und der Fleischhunger der Verbraucher will gestillt werden. In deutschen Mastanlagen wird hauptsächlich Soja verfüttert, das aus Argentinien und Brasilien importiert und für dessen Anbau große Flächen Urwald gerodet wird. Soja findet sich aber auch in Biodiesel, Margarine, Mayonnaise, Kosmetika sowie veganen und vegetarischen Nahrungsmitteln wie Tofu, Soja-Milch oder veganer „Wurst". Die Anbauflächen für Soja betragen weltweit über 90 Millionen Hektar und sind damit drei Mal so groß wie Deutschland. Soja wächst fast immer in industriellen Monokulturen. Das führt zu Bodenerosion und zur Verschmutzung der Gewässer, denn die Pflanzen müssen zum Schutz vor Krankheiten, Unkraut und Schädlingen mit ständig neuen Pestiziden behandelt werden. Das bedeutet nicht nur eine Belastung für die Umwelt, sondern zugleich für die lokale Bevölkerung.

Auch für Weideflächen der Angus-Rinder braucht man Platz. Und für Orangen-Plantagen, auf denen die

Früchte wachsen, die sich in fast jedem unserer O-Säfte wiederfinden.

In Südostasien, insbesondere Indonesien, ist Palmöl der Hauptgrund für die Vernichtung der Wälder. Weltweit wird dafür pro Minute eine Fläche gerodet, die so groß ist wie 35 Fußballfelder. Das profitable Öl wird stark nachgefragt für Produkte wie Eis, Schokolade, Mayonnaise, Gebäck, Fertiggerichte, Kosmetika oder Duschgel. Seit Dezember 2014 gilt eine Kennzeichnungspflicht für Palmöl in Lebensmitteln und es muss in den Inhaltsstoffen namentlich aufgelistet sein. Bei anderen Produkten ist es schwieriger zu identifizieren, denn es versteckt sich hinter Begriffen wie „pflanzliches Öl", „Pflanzenfett", „Palmate" oder „Palmitate".

Die Urwälder unserer Erde müssen nicht nur den Anbau- und Weideflächen weichen. Neue Siedlungen, Industrieanlagen, Stauseen und Wasserkraftwerke entstehen, Verkehrswege reißen Schneisen in die Wälder und der Tourismus trägt seinen Teil dazu bei, durch neue Hotelanlagen, Golfplätze und Straßen. Auch die Bodenschätze der Urwälder fordern ihren Tribut: Kupfer, Nickel, Gold oder Eisenerz.

Die alten Bäume werden abgeholzt oder durch klimaschädliche Brandrodung entfernt, zum Beispiel von landlosen Siedlern, die im Wanderfeldbau Flächen für den Anbau von Nahrungsmitteln benötigen. Viel Holz wird zudem illegal gerodet, denn die Ressource ist ein Exportschlager, nicht nur als Zellstoff oder Bauholz. Laut einer Studie von UNO und Interpol stammen bis zu 30% des weltweit geschlagenen Holzes aus illegalen Rodungen der Tropenwälder.

Der Schutz der Regenwälder, der durch internationale Umweltprogramme und zahlreiche Nichtregierungsorganisationen vorangetrieben wird, ist keine leichte Aufgabe. Bei der Staatsverschuldung der Entwicklungsländer bringen die exportierten Ressourcen der Urwälder willkommene Devisen. Zudem sind durch politisch instabile Regierungen die Eigentumsverhältnisse der Wälder nicht geklärt – keiner fühlt sich richtig zuständig. Die Armut und das geringe Bildungsniveau der Bevölkerung erschweren es, sie für nachhaltige Waldwirtschaft zu gewinnen.

Was kannst du tun?

- Vermeide Palmöl: Dieses findet sich in vielen Produkten, auch in Bioprodukten. Bei Lebensmitteln hilft ein Blick auf die Inhaltsstoffe, da es dort explizit genannt werden muss. Bei Waschmitteln weist die Bezeichnung „Sodium Palm Kernelate" auf das Öl hin, bei Kosmetika, Pflegeprodukten oder Duschgel können die Angaben „Palmate" oder „Palmitate" ein Hinweis sein. Listen und Einkaufsführer findest du im Internet, z. B. auf der Website Umweltblick unter *https://goo.gl/qZue4A* oder bei der kostenlosen Smartphone-App Codecheck.
- Achte auf das Fairtrade-Siegel, wenn du Tropenwaldprodukte wie Kakao, Kaffee, Orangensaft oder Schokolade kaufst. Dabei werden bessere Preise für die Produktion in den Herstellerländern gezahlt.
- Achte beim Kauf von Soja darauf, woher es stammt und unter welchen Bedingungen es an-

gepflanzt wurde. Ein Hinweis ist das Siegel „gentechnikfrei", denn Pflanzen aus den Entwicklungsländern sind häufig gentechnisch optimiert. Gentechnikfreies, biologisches Soja ist nachhaltiger und wächst bspw. auch „regenwaldsicher" in Österreich. Solche Produkte sind mit einem entsprechenden Label versehen.

- Reduziere deinen Soja-Verbrauch oder verzichte ganz darauf. Dabei geht es nicht nur um Sojaprodukte selbst, sondern v. a. um den Futtermittelverbrauch. Den kannst du durch die Umstellung deines Fleischkonsums beeinflussen.
- Kaufe Biofleisch. Es stellt sicher, dass kein genmanipuliertes Soja als Futtermittel aus Entwicklungsländern importiert und verfüttert wurde.
- Achte auf Siegel beim Kauf von Holzprodukten und Papier, die eine nachhaltige Bewirtschaftung kennzeichnen, z. B. das FSC-Zertifikat oder das PEFC-Siegel.
- Achte beim Kauf von Schnittblumen auf das Siegel „fair flowers fair plants" sowie auf Fairtrade. Das Label „Flower Label Program e. V." wurde eingestellt und ist nicht mehr gültig.
- Kläre andere Menschen über die Zusammenhänge von Konsum und Regenwald-Zerstörung auf. So schafft man ein Bewusstsein für die Verantwortung des Einzelnen.
- Übernimm Projektpatenschaften, z. B. bei der Frankfurter Tropenwaldstiftung OroVerde.
- Unterstütze Aufforstungsprojekte in Regenwäldern, wie sie etwa von Naturefund durchgeführt werden.

Ernährung

Natürlich können wir nicht aufhören zu essen. Das verlangt auch keiner. Aber wir können ganz einfach unseren Essens-Konsum nachhaltiger gestalten. Denn unsere Ernährung hat großen Einfluss, nicht nur in Bezug auf einen gesunden Körper, sondern auch auf Natur, Tiere und Menschen weltweit.

Lebensmitteltransporte mit dem Flugzeug

Vier Prozent aller Lebensmittel, die in Deutschland verbraucht werden, kommen aus Übersee. Die Wegstrecken, die diese vier Prozent zurücklegen, machen im Vergleich mit allen Lebensmitteln über zwei Drittel der gesamten Transportstrecken aus. Die Ware aus Übersee wird größtenteils mit dem Schiff transportiert und in Bezug auf die Treibhausgase ist dieses Transportmittel noch am besten – wären da nicht die langen Wegstrecken: Die Importware verbraucht 11-mal mehr Energie, stößt 11-mal mehr CO_2 aus und verursacht 28-mal so viel Schwefeldioxid wie einheimische Produkte.

Der „Klimakiller" ist aber das Flugzeug: Ein Kilo Lebensmittel, das per Luftfracht transportiert wird, verursacht 170 Mal so viele Emissionen wie ein Kilo, das mit dem Schiff befördert wird. Für die Emissionsbilanz bedeutet das: Für ein Kilo Lebensmittel aus Übersee, das per Schiff transportiert wird, können elf Kilo innerhalb von Deutschland geliefert werden. Für ein Kilo Lebensmittel mit dem Flugzeug sind das knapp 90 Kilo einheimische Nahrungsgüter.

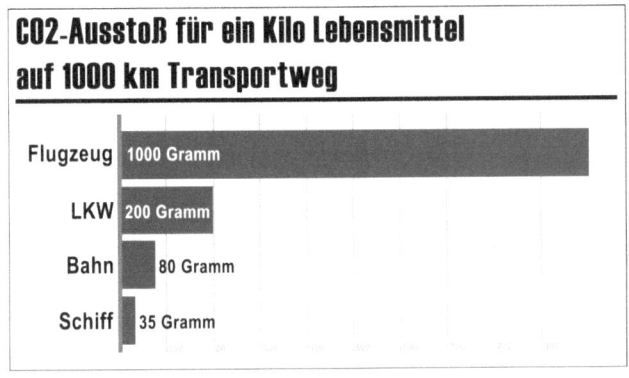

Täglich werden 140 Tonnen Lebensmittel nach Deutschland eingeflogen, ermittelte eine Studie des Instituts für alternative und nachhaltige Ernährung in Gießen. Zwar sind das weniger als ein Prozent aller angebotenen Lebensmittel, diese jedoch verursachen 10 bis 16% aller Treibhausgase, die durch Lebensmitteltransporte entstehen. Ein Beispiel: Ein Kilo Weintrauben, das mit dem Flugzeug aus Chile geliefert wird, verursacht 7400 Gramm CO2-Äquivalente. Ein Kilo Weintrauben aus Deutschland, das mit dem LKW transportiert wird, verursacht gerade einmal zehn Gramm.

Per Luftfracht werden vor allem leicht verderbliche oder teure Lebensmittel transportiert, wie Fisch, Gemüse, Obst oder Fleisch. Während lediglich 0,01% aller importierten Bananen eingeflogen werden, gelangen dagegen 90% der Papayas über den Luftweg nach Deutschland. Würde man nur die Lebensmittel importieren, die aus klimatischen Bedingungen nicht bei uns wachsen (z. B. Bananen, Kaffee, Tee), könnte man dadurch über 22% der Emissionen einsparen. Würde man die Hälfte der Lebensmittel, die in Deutschland transportiert werden, von der Straße auf die Schiene verlagern, könnte man 16% der CO2-Emissionen einsparen.

Es geht nicht nur um Treibhausgase

Betrachtet man allein die Klimabilanz, sind Transporte mit dem Containerschiff relativ umweltfreundlich. Der Vollständigkeit halber muss erwähnt werden, dass die Arbeitsbedingungen auf den Schiffen jedoch oft sehr schlecht sind. Der Trend der „Ausflaggung" ist längst in deutschen Reedereien angekommen, d. h. die Nationalflaggen der Schiffe werden auf ein Billigflaggen-Land wie Panama oder Liberia festgesetzt. So können ausländische Seeleute zu Niedriglöhnen ihrer jeweiligen Heimatländer angestellt und extreme Arbeitszeiten durchgesetzt werden. Diese Methode ist nicht nur bei Containerschiffen gängig sondern beispielsweise auch bei Kreuzfahrtschiffen.

Außerdem hat der Schiffsverkehr weltweit Auswirkungen auf die Meeresumwelt, nämlich durch Abfälle, Abgas-Schadstoffe, Schiffsabwässer, umweltgefährdende Chemikalien im Schiffsanstrich, Ölverunreinigungen, Lärm der Motoren, das Einschleppen nichteinheimischer Arten in den Ballastwasser-Tanks sowie gravierende Schäden durch Schiffsunglücke. Zuletzt ist auch die Abwrackung alter Frachter eine extreme Umwelt- und Gesundheitsbelastung und aus Kostengründen wird diese oft in Schwellen- bzw. Entwicklungsländern durchgeführt, in denen es keine oder kaum gesetzliche Vorgaben gibt. Rechnet man all dies in die Umweltbilanz, stehen Schiffstransporte sehr schlecht da.

Im Sonderangebot: Ananas aus Costa Rica

Es ist nicht nur der Transport, der an den importierten Exoten kritisiert werden muss. Fast immer gehen die Anbaubedingungen mit Umweltzerstörung und Armut der lokalen Bevölkerung einher. Exotische Früchte wie Ananas, Litschis, Guaven oder Mangos gehören für uns zum Alltag und sind in jedem Supermarkt für wenig Geld zu haben. Die Tropenfrüchte stammen aus Lateinamerika, Indien, Südostasien oder Australien und oft herrschen auf den Farmen schlimme Arbeits- und Umweltbedingungen.

Fast alle Südfrüchte werden in Monokulturen angebaut und laugen damit die Böden aus. Hinzu kommt der hohe Einsatz von Pestiziden, um die Pflanzen vor Schädlingen zu schützen. Im Osten Costa Ricas verseuchen die Pestizide der Ananas-Plantagen seit Jahren das Trinkwasser. Die Belastung ist so stark, dass die Bevölkerung kein Leitungswasser trinken kann und einige Dörfer über Tankwagen mit Frischwasser versorgt werden müssen.

Der gemessene Wert der Giftstoffe im Wasser liegt 25 bis 67 Mal über dem europäischen Grenzwert. In Costa Rica selbst gibt es keine gesetzlich festgelegten Maximalwerte. Das Land ist der weltgrößte Ananas-Exporteur und 70% der Früchte, die in unseren Supermarkt-Regalen liegen, stammen von dort.

Die weite Reise der deutschen Nordseekrabbe

87% der bei uns verbrauchten Lebensmittel werden in Deutschland produziert. Doch einige Produkte werden zur Weiterverarbeitung fortgeschafft. Ein Beispiel sind die Nordseekrabben, die zwar in Deutschland gefangen, dann aber aus Kostengründen zur Verarbeitung in andere Länder transportiert werden. Gepult werden sie z. B. in Marokko, wo ein Arbeiter sechs Euro am Tag kostet – das ist günstiger als jede deutsche Maschine. Später landen die Krabben im Supermarkt, gekennzeichnet als „Nordseekrabben aus Deutschland". Der Titel stimmt, nur dass sie weit gereist sind, wird verschwiegen.

Was kannst du tun?

- Achte darauf, woher die Ware kommt: Fisch aus Afrika? Spargel aus Peru? Ananas aus Costa Rica? All diese Dinge werden mit dem Flugzeug transportiert. Das Herkunftsland ist ein Indiz dafür.
- Suche nach heimischen Produkt-Alternativen.
- Kaufe Bio-Produkte. Diese werden zwar auch transportiert, sind jedoch nicht mit Pestiziden behandelt und damit im Anbau nachhaltiger.
- Sieh beim Kauf genau hin, frage im Laden nach oder informiere dich im Internet über Produkte und Hersteller, die du häufig und gerne kaufst: Wo wird es angepflanzt? Unter welchen Bedingungen? Gibt es Siegel zu ökologischer oder sozialer Nachhaltigkeit? Findet die Weiterverarbeitung im Ausland statt?
- Reduziere den Konsum von exotischem Obst und Gemüse oder verzichte ganz darauf.
- Versteife dich nicht nur auf Lebensmittel: Am Häufigsten werden Schnittblumen mit dem Flugzeug transportiert und zwar frische Rosen,

etwa aus Kenia, und frische Nelken aus Kolumbien. Hier gibt es auch lokale Alternativen.
- Kaufe regionale und saisonale Lebensmittel (mehr dazu im folgenden Unterkapitel).

Welche Lebensmittel kommen per Luftfracht?
- **Fisch & Meerestiere:** Die häufigsten Herkunftsländer für Flugware sind bei diesen Waren Kenia, Senegal, Südafrika, USA, Kanada, Brasilien, Chile, Australien, Sri Lanka und Singapur. Transportiert werden:
  - Nilbarsch
  - Viktoriabarsch
  - Seefisch-Filet
  - Kaphecht
  - Tiefenwasser-Kapseehecht
  - Rot-, Gold- und Tiefenbarsch
  - Hummer
  - Schwerfisch-Filets
  - Kammmuscheln
  - Pilgermuscheln
- **Gemüse:** Die häufigsten Herkunftsländer für Flugware sind Kenia, Senegal, Kamerun, Tansania, andere afrikanische Länder, außerdem Guatemala, Peru, Thailand und Japan. Transportiert werden:
  - Bohnen
  - Tropengemüse
  - Bambussprossen
  - Kräuter
  - Erbsen
  - Gurken und Cornichons

- o Spargel
- o Auberginen
- o Kopfsalat
- o Speisezwiebeln
- o Porree
- **Obst:** Die häufigsten Herkunftsländer für Flugware sind Kenia, Ghana, Ägypten, Kamerun, Kanada, Brasilien, Chile und Indien. Transportiert werden:
  - o Ananas (frisch oder getrocknet)
  - o Erdbeeren
  - o Tafeltrauben
  - o Kirschen
  - o Feigen
  - o Papayas
  - o Mangos
  - o Guaven
  - o Mangostane
  - o Weitere Tropenfrüchte: Litschis, Tamarinden, Cashewäpfel, Jackfrüchte, Sapotpflaumen, Karambolen (Sternfrucht), Pitahayas (Drachenfrucht), Passionsfrüchte.
- **Fleisch:** Die häufigsten Herkunftsländer für Flugware sind Argentinien, Brasilien, Australien, Neuseeland, Kanada, Südafrika und Thailand. Transportiert werden:
  - o Rindfleisch
  - o Wildfleisch
  - o Pferdefleisch
  - o Fleisch von Eseln und Maultieren
  - o Schaffleisch
  - o Hühnerfleisch

Saisonal und regional – gut für die Umwelt

Wir sind es gewohnt, alles jederzeit kaufen zu können. Spargel, Rucola, Zucchini, Brokkoli, Birnen oder Wassermelonen – viel Obst und Gemüse gibt es das ganze Jahr über. Will man der sozialen und nachhaltigen Verantwortung nachkommen, muss man regionale Lebensmittel kaufen. Oder besser: regionale und saisonale Produkte, denn auch heimische Lagerung in Kühlhäusern verbraucht Energie und belastet die Umwelt.

Ein Beispiel sind die deutschen Äpfel: Die moderne Lagertechnik sorgt dafür, dass sie bis April oder Mai vorrätig sind. Gleich nach der Ernte werden sie in sogenannte CA-Lager gebracht ("controlled atmosphere") in denen Temperatur, Luftzusammensetzung und Luftfeuchtigkeit streng kontrolliert werden. So entstehen optimale Bedingungen, um Äpfel monatelang frisch zu halten. In Diskussionen oder Berichten um die Klimafreundlichkeit von heimischem Obst sind eben diese Äpfel gern ein Negativbeispiel. Der Apfel aus Neuseeland sei besser fürs Klima als der gelagerte Apfel aus Deutschland. Diese Aussage betrachtet das Problem jedoch sehr eindimensional.

Importierte Äpfel werden fast überwiegend mit dem Schiff transportiert und dieses hat im reinen CO_2-Vergleich der Transportmittel den geringsten Emissionsausstoß pro Kilogramm Lebensmittel. Wissenschaftler ermittelten, dass die verbrauchte Energiemenge und die verursachten CO_2-Emissionen beim Schiffstransport etwa so hoch ist wie die Menge, die zur monatelangen Lagerung der heimischen Äpfel in Kühlhallen benötigt wird. Ignoriert werden bei dieser Rechnung aber alle anderen Umweltbelastungen durch Schiffstransporte (vgl. das vorhergehende Unterkapitel). In Bezug auf die Umweltfreundlichkeit muss man deshalb festhalten: Regionale und saisonale Äpfel sind am besten und regionale Äpfel aus Lagerung sind Import-Äpfeln trotzdem vorzuziehen.

Warum saisonales Obst gesünder ist

Nicht nur die Umweltbilanz spricht dafür, saisonal zu kaufen. Obst und Gemüse, das vollständig ausgereift ist, hat den höchsten Vitamingehalt und enthält weitere gesunde Pflanzenstoffe. Diese bilden sich nämlich nur dann komplett aus, wenn die Pflanzen genügend Sonnen- und Tageslicht erhalten haben. Sind Obst und Gemüse zudem im Freiland gewachsen, ist das noch besser. Tests haben ergeben, dass Freiland-Tomaten ein Drittel mehr Vitamin-C-Gehalt haben als Tomaten aus dem Gewächshaus. Erdbeeren beispielsweise sind im Freiland regulär im Juni und Juli voll ausgereift. Die Früh-Erdbeeren, die schon im Februar oder März zu haben sind, werden oft importiert und sind zudem verstärkt mit Pflanzenschutzmitteln behandelt. Sie wachsen unter Folien, unter denen sich nicht nur die Erdbeeren wohlfühlen, sondern auch Bakterien und Schimmelpilze. Also wird gespritzt.

Für regionales Obst und Gemüse sprechen auch die Untersuchungen über Rückstände von Pflanzenschutzmitteln: Die Waren, die am meisten und mehrfach belastet waren stammten aus dem Ausland, nämlich italienische Erdbeeren, Tomaten und Weintrauben. Paprika aus der Türkei und Spanien wiesen bei rund 60% der Proben eine Überschreitung der Höchstmenge und eine große Anzahl an Mehrfachrückständen von bis zu drei Insektiziden auf.

Was kannst du tun?

- Kaufe direkt beim Erzeuger, auf dem Hof oder auf Wochenmärkten ein. So kannst du sicher sein, dass du saisonale und regionale Ware bekommst.
- Nutze die Monate von Juni bis Oktober, denn in dieser Zeit hast du die größte Auswahl an heimischem Obst und Gemüse (vgl. dazu die Saisonkalender auf den folgenden Seiten).
- Glaube nicht dem Gerücht, im Winter gäbe es nur noch Kohl. Ganzjährig gibt es bei uns z. B. Champignons, Karotten, Kartoffeln, Lauch oder Zwiebeln. Und sogar Salat wächst im Winter, nämlich Portulak, Rucola und Feldsalat.
- Probiere neue Rezepte mit nicht-alltäglichem, saisonalem Gemüse aus. Erfahrene Verkäufer in Hofläden oder auf dem Markt können hier gute Tipps geben.
- Vermeide Flugware, wenn du dich doch für den Kauf von Importware entscheidest (vgl. dazu das vorhergehende Unterkapitel).
- Entscheide dich für Bio-Obst und Bio-Gemüse, denn es ist weniger mit Pestiziden belastet als Ware aus konventionellem Anbau.
- Trinke Leitungswasser. Es ist fast immer regional, hat kurze Transportwege, eine exzellente Qualität und ist sehr günstig. Hat es mehrere Stunden in der Leitung gestanden, sollte man es vor dem Trinken großzügig laufen lassen.

Saisonkalender für heimisches Gemüse

	Jan.	Feb.	März	April	Mai	Juni	Juli	Aug.	Sept.	Okt.	Nov.	Dez.
Blumenkohl				●	●	●	●	●	●	●	●	
Bohnen						●	●	●	●	●		
Brokkoli				●	●	●	●	●	●	●		
Champignons	●	●	●	●	●	●	●	●	●	●	●	●
Chinakohl	☆	☆	☆		●	●	●	●	●	●	●	☆
Erbsen						●	●	●	●	●		
Fenchel						●	●	●	●	●	●	
(Salat)Gurken		●	●	●	●	●	●	●	●	●		
Karotten	☆	☆	☆	☆	⭐	⭐	●	●	●	●	●	☆
Kartoffeln	☆	☆	☆	☆	☆	⭐	⭐	●	⭐	⭐	⭐	☆
Knollensellerie	☆	☆	☆	☆	☆	☆		●	●	●	●	☆
Kürbis	☆	☆	☆						●	●	●	☆
Porree / Lauch	⭐	⭐	⭐	●	●	●	●	●	●	●	●	●
Radieschen				●	●	●	●	●	●	●		
Rettich	☆	☆	☆	☆	⭐	●	●	●	●	●	●	☆
Rosenkohl	⭐	⭐	☆							●	●	●
Rote Beete	☆	☆	☆	☆	☆	●	●	●	●	●	●	☆
Rotkohl	☆	☆	☆	☆	☆	☆	⭐	●	●	●	●	☆
Spargel				●	●	●						
Spinat				●	●	●	●	●	●	●		
Spitzkohl	☆	☆			●	●	●	●	●	●	●	☆
Tomaten			●	●	●	●	●	●	●	●		
Weißkohl	☆	☆	☆	☆	⭐	⭐	●	●	●	●	●	☆
Wirsing	☆	☆	☆	☆	☆	●	●	●	●	●	●	☆
Zucchini						●	●	●	●	●		
Zuckermais								●	●	●		
Zwiebeln	☆	☆	☆	☆	☆	⭐	●	●	●	●	☆	☆

☆ Lagerware
⭐ als Lagerware oder Freilandprodukt erhältlich
● heimische Produkte aus Freiland, geschütztem Anbau bzw. unbeheiztem / schwach beheiztem Gewächshaus

Saisonkalender für heimischen Salat

	Jan.	Feb.	März	April	Mai	Juni	Juli	Aug.	Sept.	Okt.	Nov.	Dez.
Eisbergsalat						●	●	●	●	●	●	
Endiviensalat						●	●	●	●	●	●	●
Feldsalat	●	●	●	●	●	●	●	●	●	●	●	●
Kopfsalat				●	●	●	●	●	●	●	●	
Lollo Rosso						●	●	●	●	●		
Portulak	●	●	●	●			●	●	●	●	●	●
Radiccio							●	●	●	●	●	
Rucola	●	●	●	●	●	●	●	●	●	●	●	●

● heimische Produkte aus Freiland, geschütztem Anbau bzw. unbeheiztem / schwach beheiztem Gewächshaus

Saisonkalender für heimisches Obst

	Jan.	Feb.	März	April	Mai	Juni	Juli	Aug.	Sept.	Okt.	Nov.	Dez.
Aprikosen							●	●				
Äpfel	☆	☆	☆	☆	☆			●	●	●	☆	☆
Birnen	☆							●	●	☆	☆	☆
Brombeeren								●	●	●		
Erdbeeren					●	●	●	●	●	●		
Heidelbeeren							●	●				
Kirschen, süß						●	●	●				
Mirabellen								●	●			
Pfirsiche							●	●				
Pflaumen								●	●			
Tafeltrauben								●	●	●		
Wassermelone								●	●			

☆ Lagerware ● heimische Produkte aus Freiland, geschütztem Anbau bzw. unbeheiztem / schwach beheiztem Gewächshaus

Fleisch, Tierprodukte und vegane Ernährung

Jährlich konsumieren wir pro Kopf 11,5kg Geflügelfleisch, 38,2kg Schwein und 8,9kg Rind- und Kalbsfleisch. Dieses Fleisch muss produziert werden und das hat seinen Preis im Ressourcenverbrauch, für Landflächen und durch Emissionen. Die globale Tierzucht ist für rund 8% des weltweiten Wasserverbrauchs verantwortlich. Durch Aufzucht, Schlachtung, Produktion und internationalen Transfer fließen in jedes Kilogramm Rindfleisch 15.500 Liter Wasser, sogenanntes virtuelles Wasser. Zum Vergleich: Ein Kilogramm Getreide verbraucht lediglich 1.300 Liter virtuelles Wasser. Rinder verursachen außerdem Methan, also Treibhausgase. Wie sehr sich das in der Ökobilanz niederschlägt, zeigt dieses Beispiel: Sieben Rinder produzieren so viel Treibhausgase wie ein Auto, das 4,37 Mal um den Globus fährt, also etwa 200.000 Kilometer. Von den Verhältnissen in der Intensivtierhaltung und den tierrechtlichen Belangen mal ganz abgesehen.

Klimabilanz für Nahrungsmittel

Nahrungsmittel	CO_2-Äquivalente pro Kilogramm Produkt	
	konventioneller Anbau	ökologischer Anbau
Butter	23 794	22 089
Rindfleisch	13 311	11 374
Käse	8 512	7 915
Sahne	7 631	7 106
Geflügel	3 508	3 039
Schwein	3 252	3 039
Eier	1 931	1 542
Joghurt	1 231	1 159
Milch	940	883

Die Fleischproduktion, aber auch die Herstellung von Eiern, Milch, Butter oder Käse, sind damit wesentliche Mitverursacher der globalen Erwärmung.

Zudem hat die Fleischproduktion einen enormen Flächenbedarf für Futtermittel, besonders in den Entwicklungsländern. Auch Deutschland „verbraucht" hier fremde Landflächen und Regenwald, durch Millionen Tonnen Soja-Futtermittel-Importe aus Brasilien und Argentinien. Und schließlich ist die Tierhaltung ein wesentlicher Grund für die Verschmutzung von Trinkwasser mit Gülle, Düngemitteln und Rückständen von Arzneimitteln. Im Durchschnitt ist die Produktion von pflanzlichen Lebensmitteln in jedem dieser Bereiche besser und eine nachhaltigere Alternative.

Wenn sich heute ein Mensch vegetarisch ernährt, ist das oft kein großes Thema mehr. Geht es allerdings um Veganismus, denken die meisten Menschen an eine aufwändige Lebensweise, die ein hohes Maß an Verzicht bedeutet. Solche Befürchtungen sind berechtigt, aber nicht unbedingt begründet. Natürlich ist es in der Anfangsphase zeitraubend, die Zutatenlisten zu studieren und sich selbst einen Grundstock an veganen Rezepten und Produkten zuzulegen. Doch dann kann man einen Speiseplan einrichten, der gesünder, abwechslungsreicher und ebenfalls sehr lecker ist.

Was spricht für vegane Ernährung?

Tierrechte: Viele Veganer sind der Meinung: „Andere Lebewesen sollen nicht für meinen persönlichen Genuss ausgebeutet, gequält und getötet werden."

Gerechtigkeit: Der hohe Fleischkonsum in den Industriestaaten begünstigt den Welthunger, denn ein sehr großer Teil der weltweiten Ernte landet im Trog statt im Teller. Über 40% der gesamten Getreide- und Mais-Ernte wird in der Tierzucht verfüttert. Dabei benötigt man um ein Kilogramm Rindfleisch zu erhalten knapp zehn Kilogramm Getreide. Diese könnten – gäbe es keine Fleischproduktion – direkt verzehrt werden. Bei Schweinefleisch beträgt das Verhältnis 1:3, bei Milch 1:5 und bei Eiern 1:4.

Umwelt und Klima: Die Fleischproduktion schädigt unsere Umwelt und trägt massiv zur globalen Erwärmung bei, durch hohen Wasser- und Flächenverbrauch für Weideland und Futtermittel-Anbau und die Methanausgasungen der Tiere. In deutschen Mastanlagen wird vor allem Sojaschrot aus Bohnen verfüttert, die aus Argentinien und Brasilien stammen und für deren Anbau große Flächen Regenwald gerodet wurden – und werden.

Gesundheit: Eine ausgewogene vegetarische oder vegane Ernährungsweise verringert das Risiko von verschiedenen Zivilisationskrankheiten, etwa Typ-2-Diabetes und Herz-Kreislauf-Erkrankungen. Die Herausforderungen in Sachen Mangelernährung sind die gleichen wie bei allen Ernährungsformen und es sollte bewusst, vielseitig und ausgewogen gegessen werden. Das einzige Vitamin, das Veganer selbst dann als Nahrungsergänzungsmittel einnehmen sollten, ist Vitamin B12, das sich fast ausschließlich in tierischen Lebensmitteln findet.

„Was können Veganer überhaupt noch essen?"

In einem veganen Menü finden sich weder Fleisch noch Fisch, weder Eier noch Milchprodukte. Trotzdem hält diese Küche viele Abwechslungen bereit. Dazu zählen alltägliche Gerichte, die sich gern auch auf den Tellern der Fleisch-Esser finden, ohne dass es diesen vermutlich bewusst wäre. Zum Beispiel Hartweizen-Spagetti mit Tomatensoße oder Gemüsepfannen mit Reis. Menschen, die gerne selbst kochen, können in der veganen Ernährung völlig neue Geschmackswelten entdecken. Wie bei jedem Gericht spielt auch hier das richtige Abschmecken mit Kräutern und Gewürzen eine wichtige Rolle.

Das Internet ist mittlerweile zu einer großen Fundgrube für veganes Kochen geworden und auch immer mehr Kochbücher widmen sich dem Thema. In Reform-, Bio- und Drogeriemärkten findet man zahlreiche vegane Produkte, von Frühstück bis Abendbrot, und auch das Angebot in den Supermärkten und Discountern wird in dieser Hinsicht immer größer.

Aber: Manche Inhaltsstoffe können schwierig zu entziffern sein. Viele tierische Zutaten werden lediglich als sogenannte Produktionshilfsstoffe eingesetzt und müssen dann nicht als Zutat deklariert werden (z. B. Gelatine beim Klären von Säften oder Weinen). Da hier der Blick auf die Verpackung nicht weiterhilft, muss der Käufer recherchieren. Die Organisation PETA liefert dazu viele Informationen und Online-Einkaufsguides.

Sich in den eigenen vier Wänden vegan zu ernähren, ist in der Regel völlig unproblematisch, außerhalb kann es dagegen schwieriger werden. Das Angebot in konventionellen Restaurants hat zwar zugenommen, bei „klassischen" Restaurants oder „gut bürgerlicher Küche" bleibt aber häufig nur der Salat als Alternative übrig. Dennoch lassen sich vegetarische Gerichte durch freundliches

Fragen leicht „veganisieren", indem etwa eine Soße oder Beilage weggelassen oder durch eine Alternative ersetzt wird. Unterstützt wird die Suche nach veganen Restaurants durch die Digitalisierung: Verzeichnisse im Internet oder Smartphone-Apps listen das Angebot auf – sehr praktisch, gerade für Städtetrips.

Wortgefechte und der innere Schweinehund

Nicht selten vertreten Menschen beim Thema Vegetarismus und Veganismus strikte Meinungen. Viele wollen auf Fleisch, Käse und Joghurt nicht verzichten. Andere würden gerne, scheitern aber am „inneren Schweinehund" oder sind mit der Ernährungsumstellung überfordert. Und wieder andere meinen, ihr Weg sei der einzig richtige und wollen andere davon überzeugen. Gerne enden solche Diskussionen in aufgebrachten Wortgefechten und trotzigen Aussagen. Eine Verbesserung bringt das nicht, weder für die Umwelt, die Tiere, die Menschen in den Herstellerländern noch für unser persönliches Wohlbefinden. Entscheidend ist das Handeln. Und dabei gilt wieder: Auch kleine Schritte bringen uns vorwärts.

Was kannst du tun?

- Reduziere deinen Fleischkonsum und kaufe hochwertigeres Fleisch, z. B. Bio-Fleisch aus der Region. Das schmeckt häufig auch noch besser und beinhaltet zudem keine genmanipulierten Futtermittel. An fünf Tagen der Woche kein Fleisch mehr zu essen reduziert deinen CO_2-Fußabdruck um 40%.

- Iss Geflügel- oder Schweinefleisch statt Rindfleisch, denn Rinder schaden dem Klima mehr als Federvieh und Schweine.
- Achte beim Kauf von Milchprodukten auf Herkunft und Gütesiegel. Für bessere Tierhaltung und faire Preise, auch für unsere heimischen Bauern.
- Kaufe direkt im Hofladen, auf dem Markt oder beim Bauern ein. Mittlerweile gibt es in vielen Städten Lieferangebote für regionale Erzeugnisse, nicht nur für Obst und Gemüse, sondern auch Käse und Eier.
- Reduziere deinen Konsum an Tierprodukten und damit auch dein CO2. Es muss nicht immer Käse sein, auch pflanzliche Brotaufstriche sind lecker und lassen sich gut selbst herstellen.
- Suche nach Alternativen und überlege, auf welche Produkte du vielleicht ganz verzichten kannst.
- Achte beim Kauf von Soja-Produkten auf die Labels „gentechnikfrei" und „biologisch".
- Sei offen für Neues: Selbst wenn du vom „veganen Hype" nichts hören möchtest, ausprobieren solltest du die Gerichte trotzdem. Ein Besuch im veganen Restaurant kann eine echte kulinarische Überraschung und Inspiration fürs eigene Kochen sein.
- Nutze Apps: Vom deutschen Vegetarierbund VEBU gibt es eine kostenlose App, die vegetarische und vegane Restaurants in der Nähe anzeigt (für Andoid und iOS). Eine internationale Re-

staurantsuche stellt die App Vegman bereit, ebenfalls kostenlos, allerdings nur für iOS.
- Frage die Internetsuchmaschinen: Für Vegetarier oder Veganer, die auf den Geschmack altbekannter Fleischgerichte nicht verzichten wollen, kann man die gewünschte Speise „+ vegan" googeln. Es finden sich überraschend viele pflanzliche Alternativen.
- Plane deine Einkäufe besser und kaufe nur die Nahrungsmittel, die du auch wirklich isst und verkochen kannst. So landet weniger davon im Müll.

Welchen Fisch dürfen wir noch essen?

Überfischung ist ein großes Problem. Weltweit sind über 80% der Fanggründe entweder leergefischt oder ernsthaft beschädigt. Einige Fischarten sind vom Aussterben bedroht, landen aber dennoch weiterhin auf den Tellern. Als wäre das nicht genug, ist 40% des Fangs unerwünschter Beifang wie Haie, Seevögel, Meeresschildkröten, Delfine und Wale, die in den Schleppnetzen verenden. Selbst die Fischzucht trägt zur Überfischung bei, denn deren Futter besteht meist aus Fischmehl bzw. Fischöl und die Futtermittelproduktion entnimmt ihre Ressourcen dem Meer. So werden die Bestände zusätzlich dezimiert.

Raubbau in der Tiefsee

Die leeren Fischgründe zwingen die Fischer dazu, ihre Beute immer häufiger in der Tiefsee zu suchen. Eingesetzt werden dafür Schleppnetze, die in bis zu 2000 Metern Tiefe über den Meeresgrund gezogen werden. Das ist problematisch, denn dieser Lebensraum ist kaum erforscht und die Folgen des Raubbaus sind unabsehbar. Das Ökosystem der Tiefsee ist außergewöhnlich: In der Finsternis des Ozeans sind Energie und Nahrung ein knappes Gut und die biologischen Arten entwickeln und vermehren sich deshalb wesentlich langsamer als ihre Verwandten in höher gelegenen Meeresregionen oder in Küstennähe. Einige der Tiefseearten sind erst mit 20 Jahren geschlechtsreif und werden über 100 Jahre alt. Wenn solche Tierbestände gefährdet sind, erholen sie sich nur über Jahrzehnte hinweg – wenn überhaupt. Unter den Schleppnetzen, die wie Pflüge über den Grund gezogen werden, leiden auch andere Wesen, die im und auf dem Meeresboden leben. Würmer, Schwämme und Korallen, die in mehreren Tausend Jahren entstanden sind, werden in kürzester Zeit vernichtet. Das schädigt die Artenvielfalt erheblich, beklagen Meeresbiologen. 30 bis 60% des Fangs ist bei der Schleppnetz-Methode Beifang, der unbrauchbar für den Verkauf ist und tot oder verletzt wieder über Bord geworfen wird.

Gerade weil wir sehr wenig über die Tiefsee wissen, bleibt es fraglich, welche Auswirkungen die dort angerichteten Schäden haben. Hier könnten sich Folgen ergeben, die letztendlich der Mensch zu spüren bekommt, denn auf dem Meeresgrund sind zahlreiche Mikroorganismen angesiedelt, von denen einige Methan verzehren, das aus dem Erdinneren entweicht. Dieses Treibhausgas wandeln sie in Energie um und stellen damit die Lebensgrundlage für viele weitere Lebewesen bereit. Auch sorgen sie dafür, dass ein Großteil dieses Methans nicht in die Atmosphäre entweicht. Das hat einen massiven Effekt auf das Weltklima, das ohne diese Mikroorganismen eine Durchschnittstemperatur von 40 bis 50 Grad Celsius hätte. Menschliches Leben wäre dann wohl nicht möglich. Zum Vergleich: Die tropischen Zonen haben eine Durchschnittstemperatur von rund 24 Grad Celsius.

Was kannst du tun?

- Verzichte komplett auf den Kauf bedrohter Meerestiere!
- Betrachte Fisch als Delikatesse und als besonderes Essen und berücksichtige diesen Gedanken in

allen Sushi-Restaurants und in deinem Essverhalten.
- Vertraue auf das Siegel „Marine Stewardship Council (MSC)" als Entscheidungshilfe im Supermarkt. Es handelt sich um eine internationale, gemeinnützige Einrichtung, die durch ein Zertifizierungsprogramm nachhaltige Fischerei unterstützt.
- Kaufe Produkte mit den vertrauenswürdigen Öko-Siegeln „Bioland" und „Naturland".
- Kaufe Produkte von followfish, denn sie unterstützen regionale Fischer. Sie tragen auch ergänzend zu diesem Label das MSC-Siegel.
- Nutze kostenlose Smartphone-Apps als Fischratgeber beim Einkauf, z. B. von WWF oder Greenpeace.
- Achte nicht nur auf den Fisch auf dem Teller: Beim Kauf von Zuchtfischen und Meerestieren im Aquarium gilt das Siegel „ASC".

Eine gute Wahl für deinen Teller sind:

- Hering aus Wildfang aus dem Nordost-Atlantik, dem Nordwest-Atlantik (USA) und aus der Ostsee, **nicht** aber aus den keltischen Meeren und Gewässern westlich von Irland und der nördlichen Ostsee
- Jakobsmuscheln aus Aquakulturen in Europa, Südostasien und Japan
- Kabeljau bzw. Dorsch aus Wildfang der norwegischen See (Nordost-Atlantik)
- Karpfen aus Aquakulturen

- Pazifischer Lachs aus Wildfang in Alaska (Nordost-Pazifik), jedoch **kein** Königslachs
- Buckellachs aus Kanada (Nordost-Pazifik)
- Miesmuscheln aus Hänge-Aquakulturen in Europa
- Sprotte aus Wildfang der Ostsee
- Afrikanischer und europäischer Wels aus Aquakulturen in Europa
- Zucht-Austern, am besten mit ASC-Siegel
- Alle anderen Fische und Meerestiere sollten besser **nicht** gegessen und von der Einkaufsliste gestrichen werden, darunter: Aal, Blauflossenthun, Dorade, Garnelen, Hai und Rochen, importierte Schrimps, Zander aus Osteuropa, Oktopus aus Wildfang, Makrelen, Rotbarsch etc.
- Ausführliche Listen sowie eine App als Einkaufsratgeber gibt es Online von WWF und Greenpeace.

Worauf du bei Sushi achten solltest:

- **Finger weg von** Seeigel, Aal („Unagi") und Blauflossenthun, egal woher, und von Garnelen aus weltweitem Wildfang oder Zucht.
- Bei Gelbflossenthun, Lachs, Garnelen oder Surimi spielen Herkunft und Fangmethode eine Rolle.
- **Ohne Bedenken** genießen darf man Algen.
- Einen ausführlichen Sushi-Ratgeber gibt es online unter *https://goo.gl/raZ42F* vom WWF.

Kleidung

Die weltweite Textilproduktion gedeiht prächtig. Rund 107€ pro Monat gibt ein deutscher Haushalt für Bekleidung und Schuhe aus. Modetrends sind kurzlebig, Kleidung war noch nie so billig und wir kaufen gern. Viel davon ist schnelllebige Massenware von geringer Qualität und wird gekauft, liegt herum und wird dann weggeworfen. Obwohl faire und ökologische Herstellung immer wieder Thema in der Öffentlichkeit ist und die menschlichen Schicksale in den Billigproduktionsländern die Gemüter bewegen, bleibt das Angebot von Herstellern und die Nachfrage von Konsumenten nach „besserer" Kleidung bisher überschaubar. Dabei hat die Textilindustrie in der gesamten Wertschöpfungskette einen gravierenden Einfluss auf Umwelt und Menschen. Von den sozialen Dimensionen der Arbeitsbedingungen, den verwendeten Umweltressourcen und tierrechtlichen Belangen bei Pelz-, Leder- und Woll-Produktion bis hin zur Entsorgung und dem Recycling.

Baumwolle: Wie kann Mode so günstig sein?

Die Jeans ist eine der beliebtesten Alltags-Hosen und sie hat Kultstatus. Die Herstellung allerdings ist ein aufwändiger Prozess, dessen Einzelschritte in bis zu neun unterschiedlichen Ländern durchgeführt werden. Die Reise der Jeans beginnt auf den Baumwollfeldern in China, Indien oder Kasachstan. Zur Erntezeit werden die weißen Flocken großteils per Hand gepflückt, dann wird die Baumwolle gewaschen, gekämmt, geglättet, zu

Garn gesponnen und eingefärbt. Der Stoff wird gewoben und veredelt, so ist er weicher und knittert weniger. Dann wird er nach Schnittmustern geteilt und gelangt in die Näherei.

Eine Jeans besteht aus rund 60 Einzelteilen, vom Reißverschluss bis zur Gürtelschlaufe, die von Arbeiterinnen in Einzelschritten zusammengenäht werden. Je nach Modell wird die Hose anschließend mit Bimsstein gewaschen (Stone-Washed Effekt), mit Sandstrahlung bearbeitet (Used Look) oder mit Nieten, Schleifen und Bilddruck versehen. Ist die Hose fertig, folgt die Endkontrolle, danach wird sie verpackt und verschickt.

Im Laden kostet uns die Jeans 100€. Wie sich dieser Preis zusammensetzt, zeigt eine Aufrechnung der Clean Cloth Campaign: Ein Prozent des Preises entfällt auf die Lohnkosten der Arbeiter, also gerade einmal ein Euro für alle Tätigkeiten, vom Pflücken bis zum Nähen und dem modischen Veredeln. 13% des Preises entfallen auf das Material und den Gewinn der Fabrik im Billiglohnland, 25% auf Werbung und Verwaltung, 11% auf Transport und Steuern. 50% und damit die Hälfte des Kaufpreises verdient der Handel. Nun kosten die wenigsten Jeans heute tatsächlich 100€, sondern wechseln in den großen Modehäusern oft für 29,99€ den Besitzer.

Die ökologischen und sozialen Auswirkungen

Wasserverbrauch: Baumwolle ist eine enorm durstige Pflanze und Wasser ist in den Herstellerländern oft ein knappes Gut. 60% der Felder müssen bewässert werden, Wasserspeicher gibt es fast nie, also dienen Grundwasser und Flüsse als Entnahmequellen für die Pflanzenproduktion. Dieser Eingriff in den natürlichen

Kreislauf bleibt nicht ohne Folgen: Die Grundwasserspiegel sinken, Trinkwasser wird rar und die konventionellen Bewässerungsmethoden führen zu einer Versalzung der Böden. Und zwar so sehr, dass einige Gebiete für die landwirtschaftliche Nutzung unbrauchbar geworden sind.

Pestizide und Düngung: Die Monokulturen der konventionellen Baumwollproduktion verlangen den starken Einsatz von Pestiziden und Düngern. Das hat nicht nur negative Effekte auf Flora und Fauna (Artensterben), sondern auch langfristige, gesundheitliche Folgen für die örtliche Bevölkerung. Nach Schätzungen der Weltgesundheitsorganisation sterben jährlich 20.000 Menschen an Pestizidvergiftungen und in betroffenen Regionen lassen sich Infektionskrankheiten, Atemwegserkrankungen, Krebs und Missbildungen auf die Gifte zurückführen.

Wirtschaftliche Abhängigkeit: Die Übernutzung der Böden führt zu Produktionseinbußen und die steigenden Kosten für Pflanzenschutzmittel und gentechnisch verändertes Saatgut kosten die Bauern einen Großteil ihrer Erlöse. Hinzu kommt, dass der Baumwollanbau in den USA und Europa subventioniert wird. So entsteht global eine Überproduktion und die Preise sinken, was die Lebenssituation der Bauern in den Entwicklungsländern zusätzlich erschwert: Sie nämlich werden nicht vom Staat gefördert.

Kinderarbeit: Nach Schätzungen von UNICEF arbeiten etwa 90 Millionen Kinder weltweit in der Baumwollindustrie. Speziell in der Hochphase der Ernte werden Kinder beim Pflücken eingesetzt und sichern so die Versorgung der Familien. Auch in den Fabriken und

Nähereien ist Kinderarbeit immer noch verbreitet, nicht nur im Baumwoll-Sektor.

Schlechte Arbeitsbedingungen: 14 Arbeitsstunden am Tag unter gesundheitlichem Risiko, zu geringen Löhnen und kaum Arbeitsschutz – die Zustände in den Fabriken und Nähereien der Billigmode-Produktion sind bekannt. Spätestens seit dem Brand in der Textilfabrik in Pakistan 2012 und dem Einsturz der Fabrikhalle in Bangladesch 2013. Verändert hat sich seither nur wenig.

Chemikalien: Für kaum einen anderen Textil-Rohstoff werden so viele Chemikalien im Herstellungsprozess verwendet wie für Baumwolle. Nicht nur beim Anbau, sondern auch beim Waschen, Färben, Drucken, Bleichen, Veredeln oder Konservieren. Sowohl der Einsatz als auch die Entsorgung der Stoffe bedeutet eine große gesundheitliche und ökologische Belastung. Dass die Umweltauflagen in Deutschland sehr hoch sind ist wohl auch einer der Gründe dafür, warum die Produktion in Schwellen- bzw. Entwicklungsländer verlegt wird.

Trotz dieser Liste sind längst nicht alle Auswirkungen abgedeckt. Die Komplexität ist enorm: Vom Energieverbrauch und den Emissionen bei der Düngemittelherstellung bis zu Transport und Lagerung.

Ist Bio-Baumwolle besser?

Die Zertifizierung „Bio-Baumwolle" bezieht sich allein auf den ökologischen Anbau. Das bedeutet: Kein Einsatz von chemischen Pestiziden oder Düngern und keine gentechnisch veränderten Pflanzen. Dafür wachsen auf den Feldern statt Monokulturen unterschiedliche Pflanzenarten gleichzeitig. Dieses Vorgehen kommt sowohl der Artenvielfalt und der Bodenqualität zugute als auch den Bauern selbst, die keinen chemischen Belastungen ausgesetzt sind.

Dennoch ist auch die Bio-Baumwolle durstig und will gegossen werden. Wie effektiv und ökologisch das geschieht, lässt sich für den Verbraucher kaum nachprüfen. So kann Bio-Baumwolle mit gezielter Tröpfchen-Bewässerung oder verschwenderisch durch Felder-Überschwemmung gegossen werden.

Auch sagt das Bio-Siegel nichts über die sozialen Standards aus, wie faire Löhne oder Verzicht auf Kinderarbeit. Zudem ist die Weiterverarbeitung der Baumwolle bis hin zum fertigen Kleidungsstück beim Bio-Label nicht einbezogen. Hier gelten für Ökologie und soziale Bedingungen eigene Siegel, etwa GOTS oder Fairtrade.

Es zeigt sich, was häufig für Siegel gilt: Es werden nicht alle Aspekte abgedeckt und sicherlich gibt es hier auch Schwachstellen. Dennoch bedeutet ein solches Siegel in bestimmten Bereichen eine Verbesserung, mit der wir zumindest einen Teil unserer Verantwortung als Konsumenten übernehmen können.

Was kannst du tun?

- Ermögliche deiner Kleidung eine lange Lebensdauer, denn das verbessert die Ökobilanz: Trage Kleidung länger, achte bereits beim Kauf auf Qualität, tausche nicht mehr getragene Kleidung, verkaufe oder verschenke sie und trage selbst auch Secondhand.

- Mache dir bewusst, dass bekannte Marken und teure Preise nichts über die Nachhaltigkeit des Kleidungsstücks aussagen!
- Frage im Laden gezielt nach umweltfreundlichen und sozial gerechten Produkten.
- Achte beim Kauf auf Siegel, z. B. Bio, Öko, kbA (aus kontrolliertem biologischen Anbau), Global Organic Textile Standard (GOTS), Blauer Engel, bluedesign, IVN, Best, Naturland, Öko-Tex oder Fairtrade.
- Kaufe Bio-Baumwolle als nachhaltige Alternative zu herkömmlicher Baumwolle.
- Reduziere deinen virtuellen Wasser-Fußabdruck: Alternativen zu Bio-Baumwolle sind Bio-Hanf oder Bio-Leinen, deren Produktion lediglich ein Viertel der Wassermenge von Baumwolle benötigt.
- Sieh dir das Etikett und die Inhaltsstoffe an. Es zeigt, welcher Rohstoff verwendet wurde und wie viel Prozent davon aus kontrolliert ökologischem Anbau stammen.
- Kaufe keine Kleidung mit dem Hinweis „bügelfrei", „antibakteriell" oder „schmutzabweisend", denn das bedeutet den Einsatz von gesundheits- und umweltbelastenden Chemikalien bei der Herstellung. Diese stehen in keiner Relation zum gesparten Strom des Nicht-Bügeln-Müssens.
- Entscheide dich beim Kauf für zeitlose Schnitte und Farben, die du länger tragen kannst und nicht so schnell satt hast.

- Überlege, ob du ein bestimmtes Kleidungsstück wirklich brauchst und nicht vielleicht besser darauf verzichten könntest. Das gilt auch bei Rabattaktionen oder dem Sommerschlussverkauf.
- Kaufe Secondhand Kleidung – am Besten in Läden karitativer Organisationen, denn dann kommt der Erlös auch noch sozialen Zwecken zugute.
- Tausche Kleidung mit Freunden und Bekannten. Das lässt sich auch gut mit einem netten gemeinsamen Abend mit Modenschau kombinieren.
- Vermeide Jeans mit „Used Look", denn dieser wird fast immer durch Sandstrahlung erzeugt und ist eine sehr gesundheitsgefährdende Prozedur für die Arbeiter in den Herstellerländern. Obwohl einige Unternehmen das Standstrahlen verboten haben, wird es in den chinesischen Fabriken immer noch eingesetzt. Wer auf Nummer sicher gehen will, sollte deshalb keine „Used Look" Jeans kaufen oder auf nachhaltige Marken ausweichen.
- Wasche deine Wäsche kälter: 40 statt 60 Grad reduzieren die CO_2-Bilanz beim Waschen um 45% und 30 statt 40 Grad um 40%.
- Verzichte auf den Wäschetrockner, denn der verbraucht sehr viel Energie.
- Informiere dich über deine Lieblingsmarken und suche ggf. nach besseren Alternativen. Vergleichsportale wie rankabrand.de können die Recherche unterstützen.

- Nutze Apps beim Online-Einkauf, wie z. B. die kostenlose Shopping-App von wegreen, die mit einer Nachhaltigkeits-Ampel Produkte und Hersteller bei amazon, Otto, Zalando oder Conrad bewertet. Infos und Download unter *https://goo.gl/Xc93fd*
- Entscheide dich für nachhaltige Marken und Geschäfte, sowohl vor Ort als auch online. Diverse Internetshops haben sich auf nachhaltige Mode spezialisiert und diese kann man sogar nach einzelnen Kriterien filtern, z. B. „ressourcenschonend", „fair und sozial", „CO2-sparend", „Made in Germany" oder „vegan". Eine Liste von Onlineshops stellt die Plattform Utopia unter *https://goo.gl/yYqxdy* bereit.

Warum Pelze zurück sind oder nie weg waren

Pelze gehören nicht der Vergangenheit an. Auch wenn die klassischen Mäntel seltener geworden sind, die Pelze sind zurück: In einer unschuldigeren Variante, nämlich als Pelzkragen an der Kapuze, als Mützen-Bommel oder als Accessoires. 71% der Kollektionen, die auf den Fashion Weeks in Milan, Paris, London und New York 2014 präsentiert wurden, enthielten Pelz. Und diese Beliebtheit beschränkt sich nicht nur auf die Laufstege. In den letzten zehn Jahren ist der Umsatz der Pelzindustrie weltweit um 44% gestiegen. Allein in Deutschland macht die Branche fast 1,1 Milliarden Euro Umsatz, und das, obwohl 82% der Verbraucher angeben, Pelz als Kleidungsmaterial strikt abzulehnen.

Woher kommen die Pelze?

80 bis 85% der Felle im Pelzhandel stammen von industriellen Pelzfarmen und lediglich 15% aus der Jagd. Jährlich sterben weltweit rund 100 Millionen Tiere wegen ihrer Felle, davon allein 80 Millionen Füchse und Nerze, denn ihre Pelze sind mit Abstand die häufigsten. Auch Millionen Hunde und Katzen werden verarbeitet, gefolgt von Bibern, Chinchillas, Marderhunden und Kaninchen. China bietet sich als Produktionsland an, denn dort gibt es keine Bestimmungen zu Haltung oder Tötungsmethoden der Tiere und die Produktionskosten sind extrem günstig. 80% aller Pelzprodukte stammen aus der Volksrepublik.

In Deutschland ist die Pelzproduktion übersichtlich geworden. Schon vor Jahren schlossen viele Pelzfarmen, durch gesetzliche Änderungen der Tierschutz-Nutztierhaltungsverordnung 2011, die eine größere Bodenfläche für Nerze verlangte. Aus wirtschaftlichen Gründen gaben damals knapp 20 der 30 deutschen Nerzfarmen ihr Geschäft auf. Fünf offizielle und mehrere illegale Pelzfarmen gibt es laut PETA und anderen Tierschutzorganisationen noch, Tendenz sinkend. Im Nachbarland Polen dagegen boomt die Pelzindustrie. Über 1.000 Farmen sind hier angesiedelt, für Nerze, Füchse, Marderhunde und Chinchillas. Polen ist der zweitgrößte Nerzproduzent Europas.

Optimierte Billigproduktion

Für einen Pelzmantel sterben bis zu 60 Nerze, 20 Füchse, 50 Waschbären oder 200 Chinchillas. Der Pelzbesatz, der an Jacken, Mänteln und Oberteilen angebracht ist, stammt nicht etwa aus der „Resteverwertung" der Pelzmantelproduktion, sondern aus eigens dafür gezüchteten und getöteten Tieren. 90% aller Füchse aus Pelzfarmen werden dazu verarbeitet, denn sie sind „natürlich" flauschig.

Fakt ist: Artgerechte Haltung gibt es in Pelzfarmen nicht. Sie genügen noch nicht einmal den Minimalansprüchen der Tiere. Nerze beispielsweise leben in freier Wildbahn in der Nähe von Seen und Flüssen, sind exzellente Jäger an Wasser und an Land und können mit einem Atemzug bis zu 15 Meter tief tauchen. Sie sind Einzelgänger mit starkem Territorialverhalten und bewohnen ein Revier von bis zu 32 Hektar Größe. Die aktuelle gesetzliche Verordnung sieht in Deutschland für Nerze einen Käfig von mindestens einem Meter Höhe und drei Quadratmetern Fläche vor, mit einem Wasserbecken von mindestens einem Quadratmeter

Größe und 30cm Tiefe. Diese Bedingungen genügen den Ansprüchen der Tiere bei weitem nicht – obwohl sie noch viel besser sind als die Bedingungen in China oder Polen.

Fakt ist auch: Keines der Tiere stirbt schmerzfrei. Aus Kostengründen und um das Fell nicht zu beschädigen kommen Elektroschock, Vergasung oder Gift zum Einsatz. Die „ganz Unglücklichen" werden totgeschlagen, in kochendes Wasser geworfen oder lebendig gehäutet. Es gibt zahlreiche Videos von Tierschützern, die das Elend in den engen, verdreckten Käfigen und die Tötung der Tiere dokumentieren – im Ausland und auch in Deutschland.

Hinzu kommt, dass für die Gerbung des Pelzes rund 100 verschiedene Chemikalien zum Einsatz kommen. Dass dieser Vorgang nicht „umweltfreundlich" und „natürlich" ist, versteht sich von selbst.

Die Täuschung: Echtpelz statt Kunstfell

Noch bis Mai 2012 wurden Kleidungsstücke, die zu 51% aus Stoff bestanden, als reines Textil gekennzeichnet. Ein Hinweis zu Echtpelz, der Art oder Herkunft des Tieres blieb unbekannt. Seither gilt eine EU-Verordnung, nach der Echtpelzprodukte mit dem schwammigen Hinweis „Enthält nichttextile Bestandteile tierischen Ursprungs" versehen werden müssen. Die Realität sieht jedoch anders aus, wie Labortests von Stiftung Warentest zeigten: Bei Stichproben in Kaufhäusern, Modeketten, kleinen Boutiquen, Billigmarken und Luxus-Labels war statt Kunstfell echter Pelz verarbeitet aber nicht als solcher deklariert worden.

Warum? Als Grund für den Schwindel nennt die Stiftung Warentest den Profit: Felle aus China werden in Massentierhaltung produziert und am Markt extrem günstig angeboten – billiger als hochwertiges Kunstfell. Für den Verbraucher, der sich aus Tierschutzgründen beim Kauf für Kunstfell entscheidet, sind solche Verstöße eine herbe (Ent-)Täuschung. Für den Hersteller bleibt solch ein Vorgehen fast immer ohne Folgen, denn ein Bußgeld sieht das Gesetz nicht vor.

Was kannst du tun?

- Kaufe niemals Pelze oder Produkte und Accessoires mit Pelzbesatz. Es gibt hier keine Ausnahmen. Mode ist kein vernünftiger Grund für das Leid der Tiere.
- Trage auch keine alten Pelze. Diese Erbstücke oder Flohmarkt-Schnäppchen lassen den Träger zur Werbetafel für Pelze werden.
- Lass dich nicht von falschen Aussagen täuschen. Aktuell gibt es kein verlässliches Siegel für artgerechte ökologische Pelztierhaltung – auch kein Bio-Siegel. Das von der Industrie eingeführte Siegel „Origin Assured" garantiert nur, dass die Felle aus Ländern stammen, in denen Tierschutzgesetze existieren, jedoch ohne unabhängige Kontrollen oder inhaltliche Anforderungen an die Pelzfarmer.
- Boykottiere Geschäfte, die Pelze verkaufen.
- Lass dich nicht täuschen! Auch das Label „Kunstfell" oder „Fake Fur" ist kein Garant für tatsächlich künstliches Fell! Jährlich gelangen so

Hunde- und Katzenfelle auf den Markt. Hier hilft ein Echtpelz-Test.
- Mache im Laden den Echtpelz-Test:
  - Ziehe die Oberhaare des Pelzes auseinander. Bei Echtpelz sieht man eine Unterwolle.
  - Bei Echtpelz haften die Haare auf echtem Leder, Kunstpelz dagegen ist auf Gewebe, d. h. Stoff, aufgebracht.
  - Puste fein auf den Pelz: Wenn sich alle Haare bewegen, ist es höchstwahrscheinlich Echtpelz.
  - Nimm einige Haare und zünde sie an. Riecht es nach verbranntem Haar, handelt es sich um Echtpelz. Kunsthaar schmilzt zu Klumpen und riecht nach Plastik.
- Gib Fehlkäufe sofort zurück.
- Informiere dich über Marken und Geschäfte. Mit dem Programm „Fur-Free-Retailer" haben sich viele Unternehmen dazu verpflichtet, auf Echtpelz zu verzichten, darunter Otto, C&A, H&M, Galeria Kaufhof, Esprit, Tchibo oder Zalando. Eine Liste aller Unternehmen gibt es unter *https://goo.gl/yS9ATm*
- Leiste Aufklärungsarbeit und scheue keine Diskussionen. Fakten zum Thema hat dieses Kapitel aufgelistet, mehr Infos gibt es im Internet, bei Quellen wie PETA, tierschutzbuero.de, pelzinfo.de oder gelabelt.de.
- Unterstütze Tierschutzorganisationen durch Spenden oder aktive Mithilfe, wenn du dich noch weiter engagieren möchtest.

Das blutige Geschäft mit der Wolle

Während der Strickpulli der Großmutter früher als "uncool" galt, liegt Wolle heute wieder voll im Trend. Immer mehr Menschen greifen selbst zum Wollknäuel, um sich Kleidung zu stricken und sogar Bäume und Laternenpfähle werden beim sogenannten Urban Knitting verschönert. Wolle hat ein grünes Image. Sie gilt als natürlicher, nachwachsender und umweltfreundlicher Rohstoff. Aus Perspektive des Tierschutzes sieht dieses Bild jedoch ganz anders aus.

Deutsche Wolle ist meist sehr grob und wird deshalb kaum für die Textilproduktion verwendet. Hauptsächlich dient sie als Dämmmaterial. Die Wolle, die wir in unseren Läden kaufen können, stammt größtenteils aus China, Neuseeland und Australien. Besonders beliebt: Wolle der Merino-Schafe aus Australien und Neuseeland.

Merinos wurden extra für die Belange der Wollindustrie gezüchtet und ihre Haut ist faltiger, um mehr Wolle tragen zu können. Diese "Optimierung" für maximalen Ertrag hat für die Tiere extreme Nachteile. Ihr Fell ist unnatürlich dick und viele Schafe sterben an heißen Tagen an Hitzschlag. In den Hautfalten sammeln sich Kot- und Urinreste, was dazu führt, dass sich Fliegenlarven in den Körperöffnungen und unter der Haut einnisten. Sie führen zu Schmerzen, Entzündungen und oft auch zum Tod der Schafe. Um dies zu verhindern, wenden die Schäfer die umstrittene Praktik des "Mulesing" an. Dabei werden den Lämmern, in der Regel ohne Betäubung, große Fleischfetzen im Bereich der Schenkel und des Schwanzes herausgeschnitten. So soll ein glattes, vernarbtes Gewebe entstehen, das die Tiere vor Larvenbefall schützen soll.

Mulesing wird weltweit von vielen Tierschutzorganisationen und Verbänden als grausam und unnötig kritisiert, in Deutschland ist es verboten. In Australien und Neuseeland gilt lediglich eine freiwillige Selbstverpflichtung, die fast immer am Einfluss der Wollproduzenten scheitert. Die nämlich lehnen Alternativen zum Mulesing als unwirtschaftlich ab. 94% der australischen Schafe wurden 2013 durch diese Praktik verstümmelt.

Abgesehen davon kritisieren Tierschützer, dass aus Gründen der Wirtschaftlichkeit insgesamt sehr schonungslos mit den Schafen umgegangen werde: Bereits kurz nach der Geburt stanze man den Tieren Löcher in die Ohren, schneide Schwänze ab und kastriere Widder ohne den Einsatz von Schmerzmitteln. Die Herden selbst sind so groß, dass die Tiere ihr natürliches Sozialverhalten nicht ausüben können. Viele sterben allein daran, dass sie nicht ausreichend Futter oder Schutz erhalten. Durch diese schlechten Bedingungen verenden in Australien jährlich über zehn Millionen Lämmer. Und auch die Schur ist ein Akkordgeschäft, bei dem erfahrene Arbeiter pro Tag 150 bis 200 Tiere scheren. Zeit für einen individuellen oder schonenden Umgang mit den Schafen bleibt dabei nicht.

Zu den tierrechtlichen Aspekten seien auch kurz die Umweltfolgen dieser Massenproduktion erwähnt. Die großen Herden und ihr Flächenbedarf richten starke Landschaftsschäden an und führen zu Vegetationsveränderungen und Bodenerosion. Die Fäkalien der Tiere und die toxischen Chemikalien, die bei der Parasitenbehandlung der Schafe eingesetzt werden, verschmutzen das Grundwasser. Nicht zu vergessen sind die Methanausgasungen der Tiere, die das Klima belasten.

Eine bessere Alternative wäre eine kontrollierte biologische Tierhaltung, die den Richtlinien artgerechter Haltung und einem rücksichtsvollem Umgang mit der Natur folgt. Allerdings wird nur ein winziger Bruchteil der Wolle unter diesen Bedingungen produziert.

Was kannst du tun?

- Akzeptiere, dass aus Tierschutz-Sicht gilt: Das Tragen von Wolle und auch von allen anderen Textilien mit tierischem Ursprung bedeutet (fast) immer Tierqual. Egal, wo die Tiere gehalten werden. Aus dieser Perspektive sollte man deshalb generell auf den Kauf von Wolle und allen tierischen Textilien verzichten und auf pflanzliche oder synthetische Alternativen zurückgreifen. Hier muss jedoch erwähnt werden, dass auch diese mit ökologischen und sozialen Problematiken verbunden sind. (vgl. dazu das Unterkapitel *Baumwolle: Wie kann Mode so günstig sein?* und das Kapitel *Plastik*.)
- Ziehe pflanzliche oder synthetische Alternativen in Betracht, z. B. Baumwolle, Hanf, Leinen, Bambus, Sojaseide oder Polyester.
- Verliere nicht den Mut, wenn du keine Informationen über die Herkunftsbedingungen der Wolltextilien findest. Das ist tatsächlich oft unmöglich. Hilfestellung bietet das blaue IVN-Siegel des Internationalen Textilverbandes Naturtextilien, die kbT-Zertifizierung (aus kontrol-

liert biologischer Tierhaltung) sowie GOTS (Global Organic Textile Standard) für Wolle.
- Mache dir die Herkunft und die Folgen der Wollproduktion bewusst und trage dieses Wissen weiter. Ziel sollte ein respektvoller und gewissenhafter Umgang mit den Produkten sein.
- Sei bereit, den Aufpreis für Bio-Wolle zu zahlen. Es muss dir bewusst sein, dass ein Wollknäuel aus artgerechter Tierhaltung auf ökologischen Weiden eben nicht mehr nur 3,49€ kosten kann und ein Wollpullover auch keine 14,99€. Erst recht nicht, wenn noch die Weiterverarbeitung nachhaltig und unter sozialer Verantwortung stattfindet.

Die andere Wahrheit über Altkleider

In Deutschland werden jährlich rund 1,01 Millionen Tonnen Altkleider gesammelt und der Stoffberg wächst, gefüttert durch schnelle Modewechsel und immer kürzere Nutzungsdauer der Textilien. Beim Thema Altkleider hört man immer wieder den Vorwurf, die deutschen Altkleider zerstören die afrikanische Textilindustrie. Diese Sichtweise ist bei längerem Nachdenken aber sehr einseitig, sucht die Schuld an falschen Stellen und lenkt von den wesentlichen Dingen ab. Bei genauerer Recherche ergeben sich andere Wahrheiten, die in folgenden zehn Fakten aufgezeigt werden sollen.

Fakt 1: Eine zweite Chance

Sobald wir uns dazu entscheiden, die Kleidung nicht mehr tragen zu wollen, ist sie Müll. Nur weil wir die Kleidung in einen Sammelcontainer werfen, heißt das nicht, dass wir damit immer etwas Gutes tun. Aber: Wir geben der Kleidung eine zweite Chance und verlängern so ihren Lebenszyklus.

Fakt 2: Ein schwarzes Schaf ist keine Herde

Es herrscht eine gewisse Intransparenz in Bezug auf die Sammelcontainer und viele Spender wissen nicht, was mit der eingeworfenen Kleidung passiert. Wie in anderen Bereichen auch, gibt es schwarze Schafe, d. h. illegal aufgestellte Container. Sie stammen nicht von gemeinnützigen Organisationen, sondern von gewerblichen Sammlern. Das spricht aber nicht grundsätzlich gegen das Prinzip der Sammelcontainer. Es bedeutet, dass man beim Einwurf auf seriöse Logos achten sollte.

Fakt 3: Fehlerhaftes Konsumverhalten

Wir werfen zu viel Kleidung weg! Seit Mitte der 90er Jahre ist der Textilberg um mehr als 20% gewachsen. 2012 waren es noch 750.000 Tonnen Altkleider, 2015 schon 1,01 Millionen Tonnen. 30 bis 40% der Kleidung, die in Sammelcontainer geworfen wird, ist noch tragbar und teils neuwertig. Würde man sie auf eine Wäscheleine hängen, ginge diese problemlos von der Erde bis zum Mond (ca. 400.000 Kilometer). Nachhaltig ist dieses Konsumverhalten nicht.

Fakt 4: Erlöse finanzieren die gute Arbeit

Gibt man die Altkleider an gemeinnützige Organisationen, landen sie gewöhnlich in Secondhand-Läden und Kleiderkammern, wo sie an bedürftige Menschen weitergegeben werden. Doch es ist utopisch zu glauben, dass unsere Millionen gespendeten Tonnen komplett von den karitativen Einrichtungen sortiert und an die Armen der Welt verteilt werden können. Die Kleidermengen übersteigen den Bedarf für gemeinnützige Zwecke bei Weitem. So ist es nur effektiv, dass die Organisationen die Kleidung weiterverkaufen, um mit dem Erlös in anderen Bereichen Gutes zu tun. Die überschüssige alte Kleidung wird an Textilsortierbetriebe verkauft, die sie nach Sorte und Qualität ordnen. Was noch weiter getragen werden kann, wird auf dem weltweiten Markt für Secondhand-Bekleidung verkauft. Was nicht mehr getragen werden kann, wird weiterverarbeitet, verbrannt oder weggeworfen.

In Deutschland ist das Deutsche Rote Kreuz der größte gemeinnützige Altkleidersammler. 1,2 Millionen benachteiligte Menschen werden jährlich durch das DRK mit gut erhaltener Kleidung versorgt. Durch den Verkauf von überschüssigen Textilien erwirtschaftet die Organisation rund 13,5 Millionen Euro, die in soziale und ehrenamtliche Projekte fließen, wie zum Beispiel den Katastrophenschutz, das Jugendrotkreuz oder die Altenhilfe.

Fakt 5: Probleme mit dem Recycling

Recycling von Kleidung, insbesondere von Schuhen, ist extrem schwierig. Textilien, die nicht secondhandfähig sind, werden weiterverarbeitet zu Dachpappe, Putzlumpen oder Stofffasern, die vom Sortierer an entsprechende Verwerter verkauft werden. Aus alter Kleidung neue Kleidung herzustellen – quasi „echtes" Recycling – findet nur in sehr geringem Maße statt. Denn mehr als 50% unserer Kleidung besteht aus Chemiefasern, zu deren Verwertung eine große Menge Energie nötig ist. Kleidung aus Primärstoffen wäre deutlich umweltschonender wiederzuverwenden.

Fakt 6: Brennstoff und Müll

Rund 6% unserer 1,01 Millionen Tonnen Altkleider können nur noch als Ersatzbrennstoff herhalten (60.000 Tonnen). 2% ist nur noch Müll und muss kostenpflichtig entsorgt werden (20.000 Tonnen). Aufgrund der niedrigen Preise ist ein kostendeckendes Arbeiten der Sortierer nur durch den Verkauf der tragbaren Kleidung möglich.

Fakt 7: Chance auf günstige, gute Kleidung

97% unserer Kleidung sind Importe. Das bedeutet, dass es hierzulande produktionsseitig quasi keine Textilindustrie gibt. Dies hat viele Gründe, einer davon ist die Billigproduktion in Asien, die auch ein direkter Konkurrent zum Produktionsstandort Afrika ist. Dort wird die Situation gespeist durch mangelnde Wettbewerbsfähigkeit und die schwindende Kaufkraft der Bevölkerung. Aber: Europäische Secondhand-Kleidung ermöglicht der afrikanischen Bevölkerung, qualitativ gute Kleidung zu günstigen Preise zu erhalten.

Fakt 8: Abstieg der Textilbranche

In Afrika und anderen Ländern der Dritten Welt herrschen im Handel mit Gebrauchtkleidern durchaus Korruption, illegale Einfuhren, nicht gezahlte Zölle und die Marktmacht von Großimporteuren. Das sind aber grundsätzliche Probleme, die unabhängig von der gehandelten Ware auch in anderen Bereichen vorkommen. Diese Argumente sprechen also nicht gegen den Altkleiderhandel, sondern vielmehr liegen die Probleme in den jeweiligen Regierungen und sozialen Begebenheiten begründet. In den 90er Jahren erfuhr die afrikanische Textilindustrie einen starken Abstieg. Folgende Gründe ermittelte ein Dialogprogramm des Dachverbandes FairWertung für dieses Ereignis: die erzwungene Öffnung der Märkte für Neuware, das Verbot von Subventionen, politische Unsicherheiten und schwierige infastrukturelle Bedingungen durch Stromausfälle oder fehlende Ersatzteile. Kleiderimporte sind demnach kein Hauptgrund für den wirtschaftlichen Abschwung.

Fakt 9: Der Preis günstiger Kleidung

Günstige Kleidung überschwemmt in Europa den Markt, doch auch diese Billigkleidung bekommt man nicht geschenkt. Den Preis dafür zahlen die Arbeiter in den asiatischen Produktionsländern mit 14- bis 16-Stunden-Tagen, Sechs-Tage-Wochen, Überstunden ohne Bezahlung, Niedriglöhnen, Krankheitstagen, die nachgearbeitet werden müssen, und gesundheitsgefährdenden Arbeitsbedingungen. So stellen sie Kleidungsstücke her, die oft ungenutzt im Schrank liegen oder in den Müll wandern.

Fakt 10: Der Rohstoffverbrauch

Da eine Wiederverwertung der Altkleider für die Produktion neuer Kleidung nahezu unmöglich ist, werden mit jedem gekauften Kleidungsstück Rohstoffe verbraucht, die nicht zurückgeführt werden können. Und die Rohstoffe der Erde sind endlich. Jährlich wird der Welterschöpfungstag bestimmt, der angibt, zu welchem Datum die verbrauchten Ressourcen des laufenden Jahres eine nachhaltige Reproduktion übersteigen. 2015 waren am 13. August alle Ressourcen des Jahres aufgebraucht, 2016 bereits fünf Tage vorher. Wir leben somit seit diesem Tag auf Kredit, der aber nicht rückzahlbar ist. Hier sind wir gefragt, umzudenken – nicht nur, aber auch im Bereich des Kleiderkonsums.

Was kannst du tun?

- Gib deine Altkleider einer gemeinnützigen Organisation, denn damit geht der Erlös an einen sozialen Zweck.

- Sieh beim Einwurf in Kleidercontainer genau hin, wer die Sammlung durchführt und achte darauf, dass ein entsprechendes Logo, eine gültige Adresse und Telefonnummer der jeweiligen Organisation angegeben ist. Willst du auf Nummer sicher gehen, kannst du die Containerstandorte der jeweiligen Organisation im Internet erfragen. So ist garantiert, dass du deine Kleidung nicht in einen illegalen Container wirfst.
- Vertraue bei Altkleiderspenden diesen Organisationen: Deutsches Rotes Kreuz, Bayerisches Rotes Kreuz, Malteser, Johanniter und Dachverband FairWertung. Weitere seriöse Sammler verrät die Internetrecherche.
- Nutze als Orientierungshilfe für seriöse Textilsammlungen das grüne „bvse"-Qualitätssiegel (Bundesverbandes Sekundärrohstoffe und Entsorgung), das auf den Container klebt.
- Wirf gut erhaltene Kleidung nicht in den Container, sondern bringe sie direkt in ein örtliches Sozialkaufhaus oder einen Secondhand-Laden (z. B. Oxfam, Caritas, Rotes Kreuz).
- Kaufe keine Pestige- oder Wegwerfprodukte mehr.
- Werde selbst kreativ: Ältere Kleidungsstücke, die beschädigt sind oder dir nicht mehr gefallen, lassen sich mit Flicken oder Farbe verschönern und besser machen. Auch kann aus einer alten Jeans eine schicke Handtasche werden. Im Internet gibt es viele Ideen zum Thema „Upcycling".

- Tausche Kleidung: Innerhalb des Freundeskreises oder auch bei (Online-)Initiativen und Events, etwa einer Kleidertauschbörse, einem Online-Flohmarkt, in lokalen Facebook-Gruppen oder über die Website kleiderkreisel.de
- Hinterfrage beim Kauf, ob das neue Kleidungsstück wirklich notwendig ist.
- Entscheide dich für bessere Qualität und nachhaltig produzierte Ware. Das schont die Umwelt und die Menschen in den Herstellerländern und solche Kleidung kann auch oft länger getragen werden.

Strom

Versorgungssicher, sauber und bezahlbar soll Strom laut unseren Politikern sein. Das klingt gut. Trotzdem herrscht immer wieder Angstmache über mögliche Blackouts durch die Energiewende. Tatsächlich sieht die Realität jedoch anders aus und würde Transparenz herrschen, wäre eine ganzheitliche Meinungsbildung auch möglich. Es gilt bei diesem Thema mehrere Fragen zu klären: Ist Versorgungssicherheit möglich? Wie viel Kohle und Uran haben wir eigentlich noch? Wie sauber ist unser Strom? Und was kostet er wirklich?

Kohle-, Atom- und Ökostrom: Ein Vergleich

Das Umweltbundesamt legte 2008 eine Studie vor, die vor dem Hintergrund des geplanten Atomausstiegs bis 2020 erstellt wurde. Die Kernaussage: „Die Versorgungssicherheit mit Strom ist in Deutschland nicht gefährdet – eine „Stromlücke" ist nicht zu erwarten" (Umweltbundesamt 2008: Online), sagte Prof. Dr. Andreas Troge, damals Präsident des Umweltbundesamtes. Eine Studie der Deutschen Energie Agentur (dena) aus dem Jahr 2008 hielt dem entgegen und behauptete, bereits im Jahr 2012 solle durch den Atomausstieg eine Stromlücke entstehen. Diese Studie wurde mit dem Regierungsbericht zur Versorgungssicherheit allerdings amtlich widerlegt. Die Gutachter des Öko-Instituts waren sich einig, die Stromversorgung sei trotz der erneuerbaren Energien versorgungssicher.

Dank eines intelligenten Zusammenspiels aus Wind, Wasser, Sonne und Biomasse wird Strom aus erneuerbarer Energie versorgungssicher. Für eine 100%-ige Stromversorgung bedarf es Investitionen in Stromnetze, Speichertechnologien und Schattenkraftwerke. Letztere sind in der Regel Wasserkraftwerke (Talsperren) und Gasturbinenkraftwerke, die im Bedarfsfall schnell hinzugeschaltet werden können. Im Jahr 2015 stammte 29% der Bruttostromerzeugung in Deutschland aus erneuerbaren Energien, davon 12,3% aus Windkraft, 6% aus Photovoltaik, 6% aus Biomasse, 2,9% aus Wasserkraft und 0,9% aus Hausmüll. Von Versorgungslücken kann dabei keine Rede sein. Hier zeigt sich vielmehr eine Handlungslücke der Regierung, denn Aufgrund der Endlichkeit der Ressourcen Kohle und Uran kann nur Strom aus erneuerbaren Energien die Zukunft sein. Der Umstieg ist wichtig und wir, die Bürger, müssen ihn einfordern.

Wie viel Kohle und Uran haben wir noch?

Das globale Uran-Fördermaximum setzte eine Studie der ETH Zürich auf das Jahr 2015 fest und schloss eine Renaissance der Kernkraft damit aus. Auch wenn die Prognosen für dieses „Uran-Peak" auseinandergehen, Fakt ist: Unser jährlicher Uran-Bedarf liegt bei 60.000 Tonnen und schon seit den 90er Jahren müssen wir diesen über bestehende Uranlager bedienen. Die größten Produzenten der Welt sind Kanada, Kasachstan, Australien und Namibia. Bis zum Jahr 2030 wird der Uran-Bedarf wegen neuer Bauprojekte auf rund 68.000 Tonnen steigen, lauten die Prognosen.

Das Fördermaximum für Kohle ist laut einer Studie der Energy Watch Group im Jahr 2030 erreicht. Der Kohle-Bedarf ist horrend und allein in China geht pro

Woche mindestens ein Kohlekraftwerk ans Netz. Noch wichtiger ist: China ist bereits heute schon Nettoimporteur, d. h. die Volksrepublik importiert mehr als sie exportiert.

Kohle ist bei der Stromerzeugung weltweit mit mehr als 40% der wichtigste Energierohstoff. Auch in Deutschland ist sie trotz – oder aufgrund des schnellen Atomausstiegs – stärker präsent denn je. Die Stromproduktion aus Braunkohle hatte 2013 hierzulande einen Rekordwert erreicht, mit 160 Milliarden kWh. Seither sinkt er leicht und im Jahr 2015 waren es noch 155 Milliarden kWh. Die Reduktion der CO2-Emissionen, die durch die erneuerbaren Energien erreicht wurde, wird durch diese Werte wieder zunichte gemacht.

Und wieder keine Spur einer Versorgungslücke: Der Blick auf den Stromaustauschsaldo zeigt, dass Deutschland 2015 rund 50 Terawattstunden Strom mehr exportierte als importierte (50.000.000.000.000kWh). Das entspricht einem Drittel des jährlichen Gesamt-Stromverbrauchs aller deutschen Haushalte.

Wie sauber ist unser Strom?

Kohlestrom ist ein wesentlicher Treiber der deutschen CO2-Emissionen. Laut einer Analyse der britischen Klimaschutzorganisation Sandbag stehen vier der fünf schmutzigsten Braunkohlekraftwerke der EU bei uns in Deutschland. Sie verursachen 13% des europaweiten CO2-Ausstoßes im EU-Stromsektor. Unsere eigenen Kohlekraftwerke gefährden damit unsere Klimaschutzziele.

Hinzu kommt, dass der Abbau von Kohle zu tiefen Eingriffen in das Landschaftsbild und in die Natur führt: Grundwasser muss künstlich abgesenkt werden, durch den Untertagebau können Bergschäden entstehen, die zur Absenkung der Landschaft führen, und wenn ein Kohlekraftwerk mit Flusswasser gekühlt wird, erwärmen sich dadurch die Gewässer, was Einfluss auf die Ökosysteme hat. Des Weiteren sind der Flächenverbrauch und der damit verbundene Verlust an Biodiversität immens. Die Ausdehnung aller deutschen Braunkohletagebauten liegt bei ca. 2.400 km², was der 4-fachen Fläche des Bodensees entspricht. Und diese Ausmaße machen auch vor dem Menschen nicht Halt: Im Rheinischen Braunkohlerevier wurden seit dem Zweiten Weltkrieg und bis 2013 rund 35.000 Menschen wegen des Braunkohletagebaus zum Teil gegen ihren Willen umgesiedelt. Nach Schätzungen des BUND müssen bis 2045 weitere 45.000 Menschen ihre Wohnorte verlassen.

Nicht nur unser Klima, sondern auch unsere Gesundheit ist in Gefahr: Laut einer Studie der Universität Stuttgart im Auftrag von Greenpeace gehen wegen der Feinstaub-Emissionen aus deutschen Kohlekraftwerken jährlich rund 33.000 Lebensjahre verloren. Statistisch umgerechnet entspricht das 3.100 Todesfällen.

Atomstrom mag in der Erzeugung kein CO_2 ausstoßen, deshalb ist Atomenergie aber noch lange nicht sauber. Die beiden größten Sorgenkinder sind Abbau und Entsorgung. Uranminen sind durch die im Uranerz natürlich vorkommenden Radionuklide gesundheits- und umweltschädlich. Darüber hinaus befinden sich 70% der bekannten, weltweiten Uranvorräte auf indigenem Land und durch den Abbau werden die dort lebenden Völker ihrer Heimat beraubt.

In Niger, wo der Konzern Areva seit 35 Jahren Uran abbaut, liegt der Strahlenwert im Trinkwasser bereits über der empfohlenen Höchstdosis. Die Greenpeace-Expertin Rianne Teule sagte in einem SPIEGEL-Interview über die schmutzige Seite der Kernkraft: „Es gibt in den Minenstädten Arlit und Akokan überall radioaktive Kontamination: in der Luft, im Wasser, in der Erde. Wir fanden eine hohe radioaktive Belastung in den Straßen von Akokan. Das bei der Uranförderung übriggebliebene Gestein liegt im Freien herum. Dadurch gelangt Radon in die Luft, das schon in geringen Konzentrationen Krebs verursachen kann." (Meyer, 2010a: Online) Dieses Minen-Restgestein, aus dem das Uran herausgelöst wurde, gibt es dort in großen Mengen, nämlich 35 Millionen Tonnen. 2.200 Menschen sind in Niger im Dienste von Areva tätig und Lungenkrebs gilt wegen der schlechten Arbeitsbedingungen als „Berufskrankheit" (Meyer, 2010b: Online). Laut Arvea stimme dies nicht, denn die Radioaktivität sei nicht gefährlich und es habe noch kein offizielles Opfer gegeben. Offiziell sterben alle Menschen an Malaria oder AIDS, nicht Krebs, heißt es in einer Reportage der Journalistin Cordula Meyer. Vom Reichtum durch den Uranhandel kommt bei der Bevölkerung in der Nähe der Uranminen nichts an. Niger gehört zu den ärmsten Ländern der Welt.

Betrachtet man die Aufbereitung von Uran, ist der Rohstoff sehr energieintensiv. Eine Studie des Österreichischen Ökologie-Instituts und der Österreichischen Energieagentur besagt, dass Atomenergie aus energetischer Sicht nicht mehr sinnvoll sei. Da nämlich der Uranerzgehalt im Gestein zunehmend sinkt, müsse deshalb mehr Gestein gefördert werden, was die CO_2-Emissionen deutlich über die der erneuerbaren Energien ansteigen lässt.

Sauber ist Atomstrom im Betrieb nur dann, wenn Vorfälle wie Tschernobyl oder Fukushima relativ zum Nutzen als vertretbar sauber gesehen werden. Statistisch betrachtet passieren solche Nuklearkatastrophen alle zehn Jahre. Die monetären Kosten für den GAU zahlt übrigens in erhöhtem Maß der Steuerzahler: In der Ukraine gehen auch 20 Jahre nach Tschernobyl immer noch 6% des Staatsbudgets zu Lasten des Unglücks (von ehemals 20%).

Und schließlich gibt es noch das Problem mit der Entsorgung, denn Atommüll ist noch Jahrtausende lang radioaktiv verstrahlt. Die Halbwertszeit von Plutonium liegt bei 24.000 Jahren, die von Jod-129 bei 17 Millionen Jahren. Bei Atommüll wird angenommen, dass er eine Million Jahre lang strahlt. Diese Zahlen sind für den Verstand nicht greifbar, doch durch die Nutzung von Atomkraft legen wir uns in der Verantwortung auf diese Zeit fest. Seit knapp 50 Jahren setzen wir Kernenergie ein, jedoch ist eine saubere Entsorgung des radioaktiven Materials noch immer ungeklärt. Ein einsatzfähiges Atommüll-Endlager in Deutschland wird es frühestens 2050 geben. Vorher müssen die Kriterien erörtert, ein geeigneter Ort gefunden und ein sicheres Endlager gebaut werden.

Atommüll gibt es mehr als genug: Bis Ende 2010 sind weltweit etwa 300.000 Tonnen hochradioaktiver Abfall angefallen. Ungefähr 100.000 Tonnen wurden bereits im Meer „entlagert". Dies ist seit 1994 für Feststoffe verboten, allerdings ist die direkte Einleitung von radioaktiven Abwässern in Meergewässer weiterhin legal und wird praktiziert.

Wer sauberen Strom will, muss auf Ökostrom wechseln. Ja, die Energiewende verursacht höhere Kosten als anfänglich gedacht. Doch es ist ein alter Irrtum, dass Atomstrom und Kohlestrom günstiger sind als Strom aus erneuerbaren Energien.

Bezahlbar für wen? Für welche Generation?

Bei einer Betrachtung der Energiekosten und einem Vergleich zwischen Ökostrom, Kohlestrom und Atomstrom wird in der Regel nur die heute zu zahlende Stromrechnung angesehen. Das ist verständlich, aber seit der akuten Schuldenkrise wissen wir, dass ebenso auch die Kosten betrachtet werden müssen, die wir nicht direkt zahlen, sondern die der Staat für uns übernimmt. Denn genau diese Kosten werden irgendwann durch unsere Steuergelder bezahlt und damit zahlen wir selbst – früher oder später – die wahre Rechnung. Um daher beurteilen zu können, welcher Strom wirklich bezahlbar ist, sollten wir alle staatlichen Förderungen mit einbeziehen:

1. **Finanzhilfen:** Bei Steinkohle werden Beihilfen zur Sicherung des Absatzes zum Erhalt der Wettbewerbsfähigkeit („Kohlevorrangpolitik") gewährleistet. Bei der Atomenergie werden Forschungsausgaben und Kosten für die Stilllegung und den Rückbau finanziert.

2. **Steuervergünstigungen:** Geringe Energiebesteuerung gilt für Braunkohle, Steinkohle und Atomenergie. Der Berg- und Tagebau bei Stein-

und Braunkohle ist von der Wasser- und Förderabgabe befreit.
3. **Vorteile im Emissionshandel:** Braun- und Steinkohle profitieren finanziell vom Marktwert der kostenlos zugeteilten Zertifikate.
4. **EEG-Umlage:** Der Ausbau der erneuerbaren Energien wird finanziell unterstützt.
5. **Rückstellungen:** Es gibt Entsorgungsrückstellungen in der Atomwirtschaft.

Dabei entsprechen die kommunizierten Förderungen nicht zwangsläufig den realen Zahlen. Gern wird geschönt, um Kohle- und Atomstrom nicht zu schlecht dastehen zu lassen. Ein Beispiel hierfür ist der Bericht der Europäischen Kommission zum Energiemarkt, in dessen finaler Version von EU-Kommissar Günther Oettinger viele wesentliche Passagen für die Förderung von Atom- und Kohlestrom gelöscht wurden. Bekannt wurde dies nur, da eine Version mit den Änderungen im Nachverfolgungsmodus an die Presse gelangt war.

Die wahren Energiekosten

Es ist nicht leicht, die wahren Energiekosten zu ermitteln. In einer umfangreichen Studie hat sich das Forum Ökologisch-Soziale Marktwirtschaft auf eben diese Suche gemacht. Seit 1970 werden Atomstrom und Kohlestrom intensiv staatlich gefördert und zwar mit insgesamt 611 Milliarden Euro, erneuerbare Energien jedoch erst seit Mitte bzw. Ende der 90er Jahre in einem nennenswerten Maß. Sie kommen im gleichen Zeitraum auf rund 67 Milliarden Euro. Erst seit 2005 werden erneuerbare Energien vermehrt subventioniert.

Zu diesen staatlichen Förderungen addieren sich die externen Kosten der Stromerzeugung. Gemeint sind hier Kosten, die nicht vom Kraftwerkbetreiber sondern von der Gesellschaft getragen werden, nämlich Umweltbelastungen, Verlust von Lebensräumen (und damit Biodiversität) und der Klimawandel. Monetär umgerechnet ergeben sich daraus folgende Preise:

Für Atomenergie:	34,3 Cent pro Kilowattstunde
Für Braunkohle:	10,7 Ct/kWh
Für Steinkohle:	8,9 Ct/kWh
Für Erdgas:	4,9 Ct/kWh
Für Photovoltaik:	1,2 Ct/kWh
Für Windkraft:	0,3 Ct/kWh (onshore)
Für Wasserkraft:	0,2 Ct/kWh

Teilweise wird bei Berechnungen der externen Kosten die Atomenergie der Braunkohle gleichgesetzt, die der schlechteste fossile Brennstoff ist. Allerdings sind bei diesen Kalkulationen, die damit auf 10,7 Ct/kWh für Atomenergie kommen, die horrenden Kosten für Nuklearkatastrophen nicht eingerechnet. Die oben angegebenen externen Kosten für erneuerbare Energien rechnen auch die Herstellung der Anlagen sowie den dafür anfallenden Material- und Energieverbrauch ein.

Die Internationale Energieagentur hat in ihrem Report „Energy Technology Perspectives" die Kosten und den Ertrag einer globalen Energiewende gegenübergestellt: Um die CO_2-Emissionen bis zum Jahr 2050 um 70% zu senken, müssten 39,6 Billionen Euro investiert werden. Das gewonnene Einsparpotential läge bei 63,9 Billionen Euro.

Das Fazit: Solange wir den Atom- oder Kohlestromtarif beziehen und damit das umweltschädliche Wirtschaften der Energieunternehmen unterstützen, tragen wir als Konsumenten die Mitverantwortung. Wir sind es auch, die am Ende die Kosten der Umweltbelastungen zahlen. Nur wenn wir zunehmend mehr Ökostrom nachfragen, wird auch mehr Ökostrom produziert bzw. der Ausbau seitens der Unternehmen vorangetrieben. Wir sind die Energiewende.

Was kannst du tun?

- Wechsle auf Ökostrom, jedoch mit Bedacht: Nicht jeder Anbieter ist so grün wie er behauptet. Es gilt deshalb, genau hinzusehen und auf Siegel zu achten, z. B. auf das Ökostrom-Label „ok-power", das „Grüner Strom"-Label, die TÜV-Süd Standards EE 01 und EE 02 oder das TÜV-Nord Siegel „Geprüfter Ökostrom".
- Informiere dich. Das Internetportal Utopia hat die Top 10 Ökostrom-Anbieter ermittelt: Auf den ersten Plätzen rangieren naturstrom, Die Bürgerwerke, EWS Schönau, Greenpeace Energy und Ökostrom+. Die komplette Liste kann man online unter *https://goo.gl/u5uKDO* einsehen.
- Reduziere deinen Stromverbrauch. Dafür ist nur ein wenig Disziplin notwendig.
- Setze die richtige Beleuchtung ein: LEDs sind das umweltfreundlichste Leuchtmittel. Sie verbrauchen bis zu 80% weniger Energie als gewöhnliche Halogen- oder Energiesparlampen. LEDs gibt es auch in warmen Lichttönen und verschiedenen Lampenformen.
- Schalte Geräte ab statt sie auf Stand-by lassen. Wer nicht immer den Stecker ziehen will, kann

abschaltbare Steckdosenleisten verwenden. Bei fünf Geräten kannst du pro Jahr rund 100€ und 220 Kilogramm CO_2 einsparen.
- Schalte auch PC-Monitore komplett aus. Im Büro bleiben sie oft gerne auf Stand-by – auch übers Wochenende oder den Urlaub.
- Deaktiviere das WLAN. Viele Router haben dafür heute einen extra Knopf, d. h. ein Drücken genügt.
- Trenne Ladegeräte, die du gerade nicht benutzt, vom Netz, denn auch sie verbrauchen Strom. Vergleichbar ist das mit einem Wasserhahn, der ständig tropft.
- Dusche statt zu baden, das spart Strom und außerdem Wasser.
- Kaufe nur noch Elektrogeräte mit Energie-Effizienzklasse A+ bis A+++. Das spart nicht nur CO_2 ein, sondern auch Geld: Ein alter Kühlschrank der Klasse B verursacht pro Jahr 160 Kilogramm CO_2 und kostet 74€ mehr als ein Gerät der Klasse A+++.
- Nutze deine Waschmaschine besser: Wasche erst dann, wenn die Maschine wirklich voll ist und wasche auf geringerer Temperatur (40 statt 60 Grad). Verzichte außerdem auf Vorwäsche und Trockner. Bei 160 Waschgängen im Jahr spart das 250 Kilogramm CO_2 und rund 110€. Noch besser sind 30 statt 40 Grad.
- Koche mit Deckel, denn das kostet ein Drittel weniger Energie. Sehr effizient und energiesparend ist der Dampfkochtopf.

- Koche heißes Wasser im Wasserkocher vor statt auf der Elektroherdplatte, denn er hat einen Wirkungsgrad von 90%, der Topf nur von 40%. Aber: Bei großen Wassermengen, z. B. für Nudeln, solltest du trotzdem besser gleich im Topf erhitzen. Der Energieverlust durch das Umkippen ist dann nämlich zu hoch.
- Entscheide dich beim Kochfeld-Neukauf für Induktion. Es ist eine sehr effiziente Beheizungsart, bei der kaum Wärme an die Umgebung abgegeben wird. Eine normale Elektroherdplatte strahlt auch nach dem Ausschalten noch rund 20 Minuten Restwärme ab.
- Verzichte auf das Vorheizen beim Backofen: Es genügt, den Ofen dann erst anzuschalten, wenn man das Gericht hineinstellt. Zwar braucht es einige Zeit länger als im Rezept angegeben, dafür spart man aber bis zu 20% Strom.
- Schalte Umluft ein, denn diese Funktion verbraucht immer weniger Energie als Ober- und Unterhitze.
- Koche mit Restwärme: Selbst wenn du den Ofen oder die Elektroherdplatte zehn bis 15 Minuten vor Ende der Garzeit abstellst, reicht die Restwärme trotzdem noch aus, um das Gericht fertig zu backen bzw. garen. Der Stromverbrauch dagegen sinkt um bis zu einem Viertel.
- Verzichte auf den Kauf unnötiger Elektrogeräte, z. B. elektrischer Dosenöffner, batteriebetriebene Pfeffermühlen oder Pfannkuchen-Maker.
- Glaube nicht dem Gerücht, dass Abspülen von Hand Strom spart. Ist die Geschirrspülmaschine

voll beladen, ist sie sparsamer – besonders ohne Vorwäsche und im Sparprogramm. Wenn du aber in einem kleinen Haushalt wohnst und oft außerhalb isst, kannst du auf die Maschine trotzdem verzichten.
- Stelle deinen Kühlschrank richtig ein: Lebensmittel sollten bei 6 bis 7 Grad gekühlt werden, bei der Gefriertruhe genügen -18 Grad.
- Lasse warme Gerichte ordentlich abkühlen bevor du sie in den Kühlschrank stellst.
- Beachte, dass auch Öl- und Gasheizungen Strom verbrauchen: Elektrische Pumpen sorgen dafür, dass das warme Wasser vom Heizkessel in die Heizkörper kommt. Viele alte Pumpen laufen 24 Stunden am Tag, moderne Pumpen dagegen schalten nur dann ein, wenn sie auch wirklich gebraucht werden. Das spart bis zu 70% Strom ein.
- Verwende Strommessgeräte, um die „Stromfesser" in deinem Haushalt zu identifizieren. Messgeräte kannst du oft auch beim örtlichen Stromversorger ausleihen.
- Finde heraus, ob dein Stromverbrauch hoch, mittel oder niedrig ist. Hier helfen Stromchecks im Internet, z. B. von der Stromsparinitiative unter *https://goo.gl/tKn5XR*
- Miete statt zu kaufen: Baumärkte vermieten bspw. Werkzeuge fürs Heimwerken oder für Gartenarbeit. Das spart Ressourcen und modernere, hochwertige Geräte sind oft energieeffizienter als alte.

- Schalte das Licht aus, wenn du nicht im Raum bist.
- Schau dir die Tipps des Bundesministeriums für Umwelt unter *https://goo.gl/5fG0Vu* an. Auch eine einfache Internetsuche zeigt viele weitere Tipps zum Stromsparen.
- Achte auch am Arbeitsplatz aufs Stromsparen, denn hier verbringst du extrem viel Zeit. Oft funktionieren die Tipps für Zuhause auch dort – besonders in Büros.
- Vergiss eines nicht: Auch dein Konsum verbraucht Strom, nämlich bei der Produktherstellung und der Lagerung. Hier kannst du reduzieren, indem du z. B. regionale Produkte kaufst, die nicht um die halbe Welt transportiert wurden oder weniger Fleisch isst, denn die Viehzucht benötigt große Mengen Energie. Sparen kannst du außerdem, indem du auf Einwegprodukte verzichtest, korrekt recycelst und den Müll in die richtige Tonne wirfst.

Elektronik & Internet

Wir sind umgeben von Elektrogeräten. Sie unterhalten und organisieren uns, vereinfachen die Kommunikation, speichern unsere Daten, waschen unsere Wäsche, drucken unsere Briefe, kochen uns Kaffee, unterstützen uns beim Sport, kühlen oder erhitzen unser Essen und saugen unseren Dreck auf. Der Alltag wird immer digitaler und der Bedarf an neuen elektrischen Geräten steigt. Während den Kunden Innovation verkauft wird, bleiben die Umstände bei Produktion, Ressourcenverbrauch und Entsorgung häufig auf dem gleichen Stand. Zu Lasten von Umwelt, Klima und Mensch. Ja, es gibt Fortschritte. Aber es gibt auch noch viel Handlungsspielraum.

Wertvolle und konfliktbehaftete Rohstoffe

Unser Smartphone ist uns extrem wichtig. Wäre es weg, würden wir das sechs Mal schneller bemerken als das Fehlen unseres Geldbeutels. Es begleitet uns ständig und ist ein hochkomplexes Produkt mit sehr langen Lieferketten. Wie bei anderen elektronischen Geräten auch, beginnt diese Lieferkette mit den Rohstoffen.

Und davon braucht es viele: Bis zu 60 unterschiedliche chemische Elemente und 30 Metalle stecken in einem Elektrogerät, darunter Öl, Kupfer, Edelmetalle wie Gold und Silber sowie Seltene Erden. All diese Rohstoffe sind begrenzt, begehrt und deshalb mitunter sehr teuer, denn ohne sie funktionieren unsere Handys, Laptops, Kameras und Spielkonsolen nicht. 1,5 Tonnen

Rohmaterial werden benötigt, um einen Desktop PC herzustellen, für ein Notebook sind es im Schnitt 0,5 Tonnen. Andere Schätzungen kommen auf 19 Tonnen Rohstoffe: Eingerechnet sind hier auch 1500 Liter Wasser, 22 Kilogramm chemische Stoffe und 240 Kilogramm fossile Energieträger.

Die Rohstoffe stammen meist aus Entwicklungsländern, wo sie von billigen Arbeitskräften abgebaut werden. Die Arbeitsbedingungen in den Minen sind miserabel, die Löhne gering, Arbeitsschutz gibt es kaum und Unfälle sind an der Tagesordnung.

Mitunter werden die Rohstoffe auch in Krisenregionen der Ditten Welt abgebaut, zum Beispiel in der Demokratischen Republik Kongo. Die Region ist seit Jahrzehnten vom Bürgerkrieg erschüttert und hier betreiben Rebellen die Mienen, um mit dem Erlös ihre Kriegsführung zu finanzieren. Sklaverei gehört zum Geschäft und auch Kinder sind involviert, als Soldaten oder Minenarbeiter. Solange die Nachfrage aus dem Westen vorhanden ist, fließt das Geld durch die illegalen Minen. Das schürt die weitere Gier nach Rohstoffen und fördert Konflikte, nicht nur im eigenen Land, sondern auch mit dem Nachbarn Ruanda.

Die Blutdiamanten der 90er Jahre sind heute Blutmineralien und ihr Abbau geht einher mit Menschen- und Völkerrechtsverletzungen. Als sogenannte Konfliktrohstoffe gelten Coltan, Cassiterit (Zinnstein), Gold und Wolframit. Für die Produktion von Smartphones, Tablets oder Laptops sind sie unverzichtbar.

Seit 2010 gilt in den USA der Dodd-Frank Act, der den Umgang mit Konfliktmineralien gesetzlich regelt. Unternehmen müssen dabei ihre Lieferketten offenlegen und angeben, wenn Konfliktrohstoffe im Produktionsprozess oder Produkt verwendet wurden und ob diese aus der Demokratischen Republik Kongo oder den Nachbarländern stammen. Ist das der Fall, stehen die Unternehmen unter einer Berichtspflicht, die für die US-Börsenaufsicht verfasst wird. Die Ergebnisse werden im Internet öffentlich zugänglich gemacht.

Auf EU-Ebene wurde 2014 ein Verordnungsentwurf zur freiwilligen Selbstzertifizierung von Importeuren für Konfliktmineralien vorgelegt. Diese sollte ein verantwortungsvolles Hütten und Raffinieren innerhalb der Lieferkette sicherstellen. Im Mai 2015 wurde dieser Vorschlag gekippt und das Parlament forderte eine verbindliche und nicht nur freiwillige Einhaltung der Sorgfaltspflicht. Im Juni 2016 einigten sich die EU-Kommission, das Europäische Parlament und die Mitgliedsstaaten auf eine Rahmenverordnung, die für viele Kritiker weit hinter den Erwartungen zurückbleibt. Denn die gesetzliche Verpflichtung zum Herkunftsnachweis gilt nur für Importeure von Rohmaterialien, nicht aber für den Import von Komponenten oder von halbfertigen Produkten. Für herstellende Unternehmen ist es nach wie vor freiwillig, ob sie ihre Lieferketten offenlegen und sich selbst dazu verpflichten, ihre Produkte frei von Konfliktrohstoffen zu halten.

Neben diesen rechtlichen Rahmenbedingungen gibt es diverse freiwillige Initiativen für eine nachhaltige und konfliktfreie Ressourcenverwendung, denen sich Unternehmen anschließen können, zum Beispiel die OECD-Leitlinie.

Der Rohstoffabbau hat aber häufig nicht nur soziale Missstände zur Folge, sondern belastet auch die Umwelt. Das reicht von der Abholzung der Regenwälder bis zur Belastung des Trink- und Grundwassers durch Schadstoffe und Schwermetalle. Der Impact auf Mensch und Natur, der bei der Rohstoffgewinnung beginnt, setzt sich im Produktionsprozess und den Millionen Tonnen Elektroschrott fort. Hier schließt sich der Kreis: 86 Millionen alte Handys horten die Deutschen zu Hause. Ein Sachwert von 65 Millionen Euro und ein wahres Rohstofflager.

Laut einer Untersuchung von Greenpeace aus dem Jahr 2014 gibt es einige Elektronik-Unternehmen, die bereits sehr gute Fortschritte in Sachen Nachhaltigkeit gemacht haben. So werden etwa Mineralien aus Konfliktgebieten oder Holz aus illegaler Abholzung vermieden, ebenso werden die Kunststoffe der eigenen Produkte bei der Herstellung neuer Geräte wiederverwendet. Nachhaltig seien die meisten Elektronik-Modelle jedoch nicht, so die Umweltschutzorganisation.

Für die Branche ist die Komplexität des Herstellungsprozesses die größte Hürde bei diesem Thema, denn die Lieferketten sind lang und unübersichtlich. Bei jedem einzelnen Produktionsschritt Transparenz herzustellen und entsprechende Qualitätskontrollen einzuführen, die dann noch von unabhängigen Institutionen überprüft werden, ist ein langer Weg. Selbst für Vorzeigeprodukte wie das Fairphone gilt: Ein 100% faires Smartphone ist derzeit nicht möglich.

Was kannst du tun?

- Ermögliche deinen Geräten eine lange Lebenszeit. Es muss nicht immer sofort das neuste Modell sein, wenn das alte noch funktioniert oder

durch eine Reparatur wieder brauchbar gemacht werden kann. Auch durch den Kauf von Secondhand-Geräten kann man die Lebenszeit von Produkten verlängern. Genauso gilt: Altgeräte, die nur noch in der Schublade liegen, sollten verkauft oder weitergegeben werden.
- Prüfe vor dem Kauf, ob das Gerät auch wirklich deinem Bedarf entspricht:
    o Kann das Modell alles, was du von ihm erwartest?
    o Wird es deine Ansprüche auch in den kommenden Jahren noch erfüllen?
    o Zieht der Kauf den Folgekauf weiterer Produkte nach sich?
    o Wirst du das Gerät auch wirklich häufig genug verwenden?
- Leihe oder teile statt zu kaufen: Produkte, die du nicht häufig verwendest, kannst du von Freunden, Kollegen, über Online-Zirkel, Social Media oder Apps ausleihen oder teilen. Das betrifft vor allem Spezialgeräte für den Garten oder zum Heimwerken, z. B. Bohrmaschinen, Rasenmäher, aber auch Drucker. So sind die Geräte besser ausgelastet und die Zahl an (Neu)Käufen wird reduziert.
- Recherchiere Testergebnisse und Marken: Gerade bei großen Marken und deren Produkten gibt es von unabhängigen Organisationen Bewertungen zur Nachhaltigkeit, z. B. von Greenpeace. Auch die Unternehmensethik beim Umgang mit der Rohstoffgewinnung lässt sich im Internet gut

recherchieren. Grüne Einkaufsportale oder Marken-Rankings unterstützen die Entscheidung.
- Achte bei der Produktwahl auf Labels und Zertifikate, z. B. Blauer Engel, TCO Label, das Europäische Umweltzeichen, EPEAT oder Energy Star. Auch die Energieeffizienz solltest du bei der Entscheidung nicht vergessen.
- Entscheide dich beim Kauf von Produkten für Qualität und Langlebigkeit.
- Bedenke die Reparaturfreundlichkeit. Lässt sich ein Produkt nicht öffnen oder der Akku nicht auswechseln (bei elektrischen Zahnbürsten, Tablets etc.), solltest du nach alternativen Produkten suchen.
- Achte auf Gewährleistung und Garantie und ebenso darauf, wie aufwändig bzw. einfach dieser Prozess gestaltet ist.
- Recycle richtig: Elektrogeräte gehören nicht in den Hausmüll! Ausgediente Geräte, die auch nicht mehr zur Weitergabe taugen, solltest du bei der örtlichen Wertstoffsammelstelle abgegeben, denn das sichert eine fachgerechte Entsorgung. Auch Elektrofachmärkte müssen Altgeräte zurücknehmen. Zudem kannst du nachsehen, ob der Hersteller selbst das alte Gerät zurücknimmt, um es im eigenen Recyclingprozess wiederzuverwerten.
- Vergiss nicht: Das „grünste" Gerät ist das Gerät, das nicht gekauft wird!

Wie nachhaltig ist das Internet?

Das Internet gehört längst zu unserem Alltag. Und während wir online über Nachhaltigkeit lesen, stellt sich die Frage: Wie umweltfreundlich ist eigentlich das Internet? Wie nachhaltig surfen wir? Welchen Einfluss hat die Informations- und Kommunikationstechnologie (IKT) auf die Natur und ihre Ressourcen? Die Internet-Nutzung nimmt immer weiter zu, genauso wie die Nachfrage nach IKT-Produkten und Dienstleistungen. Nun sind zwar die Datenmengen der Digitalisierung nicht so stofflich greifbar und präsent wie der Computer, auf dem wir sie nutzen und speichern, aber auch sie bleiben nicht ohne Auswirkungen.

Schon vor zehn Jahren rechnete der Autor Nicholas Charr aus: Ein Avatar (d. h. eine animierte Figur) im Videospiel Second Life verbraucht fast genauso viel Strom im Jahr wie eine reale Person: 1,752kWh pro Jahr entfielen auf den Avatar, 2,436kWh auf einen Menschen, gemessen am weltweiten Durchschnitt.

Stromverbrauch, der für Aufsehen sorgt

Der Stromverbrauch der IKT-Branche schlägt ordentlich zu Buche, Tendenz steigend. 2007 betrug er in Deutschland bereits rund 10,5% des gesamten Stromverbrauchs, nämlich 55 Terawattstunden. Die Experten schätzen, dass er bis 2020 auf über 20% ansteigen wird. Die immer stärkere Internet-Nutzung und die steigende Nachfrage nach Cloud-Diensten kurbeln den Strombedarf der Rechenzentren an. Der Hauptgrund sind jedoch die wachsenden Datenmengen der mobilen Telekommunikationsnetze, schlussfolgert eine Studie des

Öko-Instituts. Diese Nachfrage soll europaweit noch weiter ansteigen, nämlich um 150% bis 2020.

Zwar werden Endgeräte wie Laptops oder Smartphones immer energieeffizienter, dafür gibt es davon aber auch immer mehr. Es ist ein Rebound-Effekt, der den beruflichen und privaten Bereich betrifft: Sicherlich sind LED-, LCD- oder OLED-Displays sparsamer, dafür aber mittlerweile auch größer und der Trend zum Zweitmonitor erhöht den Stromverbrauch zusätzlich. Besonders Fernseher verbrauchen aktuell fast ein Drittel des genutzten Stroms im IKT-Bereich. Laut dem Öko-Institut wird dieser Wert sinken, da die Tendenz zu Nutzung mobiler Geräte geht, die energieeffizienter sind.

Addieren muss man außerdem den Energiebedarf bei der Herstellung der Produkte selbst. So benötigt man zum Beispiel in Chipfabriken eine sterile Reinraum-Atmosphäre, deren Filteranlagen laut Experten-Angaben so viel Strom verbrauchen wie eine ganze Kleinstadt.

Der CO2-Fußabdruck der Google-Suche

Ja, eine Google-Suche verursacht CO2-Emissionen. Rund 200 Millionen Internet-Suchen werden weltweit täglich durchgeführt und eine Suche dauert im Durchschnitt 0,2 Sekunden. Google selbst gibt an, pro Suche entstünden 0,2 Gramm CO2, andere Berechnungen kommen auf 1 bis 10 Gramm CO2 pro Suche. Schaut man sich online Videos oder Animationen an, steigt der CO2-Ausstoß um das Zehnfache und mehr an. Im Vergleich dazu: Eine Energiesparlampe verursacht pro Stunde sechs Gramm CO2 und ein Kilometer Bahnfahren 72 Gramm.

Emissionen entstehen nicht nur durch den Stromverbrauch aus nicht-nachhaltigen Quellen, sondern auch durch Herstellung und Logistik. Bereits 2007 gab das Bundesministerium für Umwelt und Naturschutz an, die IKT-Branche sei weltweit für 2% aller CO_2-Emissionen verantwortlich und damit gleichauf mit dem Ausstoß des globalen Flugverkehrs. Für Deutschland bedeutete das rund 23 Millionen Tonnen CO_2-Emissionen, das entspricht über 7,5 Millionen Flügen von Frankfurt nach New York City. Seither sind die Zahlen weiter gewachsen.

Laut eigenen Angaben ist Google CO_2-positiv: Ein Drittel des verwendeten Stroms stammt aus erneuerbaren Quellen, Emissionen werden durch Kompensationsprogramme ausgeglichen, die Rechenzentren sind auf Energieeffizienz optimiert und verbrauchen 50% weniger Strom als die meisten anderen Rechenzentren. Diese Maßnahmen senken die CO_2-Bilanz auf Null, schreibt das Unternehmen auf seiner Website. Durch zusätzliche Investitionen und damit die Förderung von erneuerbaren Energien, gehe man über die CO_2-Neutralität hinaus, auf eine positive Bilanz.

Rohstoffverbrauch und Recycling

Geht es um die ökologische Nachhaltigkeit, ist der Stromverbrauch längst nicht das wichtigste Kriterium. Viel größeren Einfluss hat die Herstellung der IKT-Produkte, wie im vorherigen Kapitel bereits erläutert wurde. Beim Recycling kann ein Großteil der Geräte wiederverwendet werden. Dennoch merkt das Bundesministerium für Wirtschaft und Energie an, dass ein sinnvolles Recycling nach heutigem Stand gar nicht möglich sei, da die Rohstoffe in kleinsten Mengen verbaut werden. Hinzu kommt, dass lediglich ein Viertel der deutschen Elektrogeräte ordentlich entsorgt werden. Viele liegen in Schubladen herum, landen fälschlicherweise im Restmüll oder werden illegal ins Ausland transportiert. Dort lösen Menschen in Hinterhöfen oder zu Hause die wertvollen Metalle mit Feuer und Chemikalien aus dem Elektroschrott heraus und verkaufen sie weiter.

Was kannst du tun?

- Verwende Laptop, Handy, Tablet und Rechner möglichst lange, um deinen ökologischen Fußabdruck zu verbessern. Viele Tipps dazu findest du am Ende des vorherigen Kapitels *Wertvolle und konfliktbehaftete Rohstoffe*.
- Sei besonnen bei der Wahl der IT-Komponenten: Leistungsstarke Grafikkarten, besonders für Spiele, verbrauchen oft viel Strom. Vielleicht reicht ja auch eine kleinere Grafikkarte?
- Schalte Geräte aus, die du nicht verwendest. Auch Bildschirmschoner verbrauchen Strom.
- Stelle deinen Stand-By-Modus oder Ruhemodus manuell so ein, dass er bereits früher einsetzt – auch bei Monitoren.
- Teste Alternativen zu Google: Es gibt Öko-Suchmaschinen, die ebenfalls CO_2 ausgleichen oder einen Teil der Einnahmen an NGOs spenden. Ganz so ergebnisstark wie Google sind Anbieter wie Ecosia, Ecosearch oder goodsearch allerdings nicht.

- Achte auch bei deiner eigenen Website auf Nachhaltigkeit: Es gibt mittlerweile mehrere CO2-neutrale Hosts und Provider.
- Kompensiere deine CO2-Emissionen, z. B. indem du Naturschutzorganisation unterstützt, die Bäume pflanzen.
- Vergiss bitte nicht, dass alte Elektrogeräte nicht in den Hausmüll gehören, sondern auf den örtlichen Wertstoffhof. Auch Großhändler sind seit 2013 zu Rücknahme und Recycling verpflichtet.

Plastik

Im März 2013 strandete an der südspanischen Küste in Andalusien ein Pottwal. Im Magen des Giganten fanden Wissenschaftler 17 Kilogramm Plastikmüll, darunter Gartenschläuche, Plastiktüten, Kleiderbügel, Teile einer Matratze und 30 Quadratmeter Plastikfolie, die zum Abdecken von Gewächshäusern diente. Insgesamt waren es 59 verschiedene Plastikteile und sie führten zum Tod des Tieres, denn der Darm des Wals war komplett verstopft. Zufall? Leider nicht. Weltweit produziert der Mensch pro Jahr zwischen 200 und 250 Millionen Tonnen Plastik. Fast ein Viertel davon verbrauchen die Europäer und Deutschland ist Spitzenreiter mit 11,7 Millionen Tonnen pro Jahr – Tendenz steigend.

Gibt es heute wieder Plastik zu essen?

Überall im Meer findet sich unser Plastikmüll: am Strand, in Küstennähe, am Kontinentalsockel, an Unterwassergebirgen und sogar mit 5.500 Metern am tiefsten Punkt des Arktischen Ozeans. Plastik ist langlebig – nämlich über 100 Jahre – und es ist leicht, sodass es durch Wellen und Meeresströmungen weite Strecken transportiert wird. Durchschnittlich kommen auf einen Quadratkilometer Meer ungefähr 13.000 Plastik-Teilchen, ermittelte die Studie eines internationalen Forscherteams der Universität der Azoren. Dabei macht Plastik (konservativ geschätzt) über 50% des Mülls aus, der in den Ozeanen zu finden ist. Die andere Hälfte besteht u. a. aus Fischereigeräten, Fischernetzen, Glasflaschen oder Metall.

Teile des Plastik-Mülls sammeln sich durch Strömungen in riesigen Plastikinseln. Die größte von ihnen befindet sich im Nordpazifik, zwischen Hawaii und dem amerikanischen Festland, und ist ein von Menschen geschaffener Kontinent aus Abfall. Seine Oberfläche umfasst nach Angaben der französischen Weltraumagentur CNES rund 3,4 Millionen Quadratkilometer. Er ist damit so groß wie Mitteleuropa oder halb so groß wie Australien.

In fast allen Weltmeeren finden sich kleinere Plastik-Inseln. Doch dieses Plastik, das an der Oberfläche schwimmt, macht laut Untersuchungen nur rund 15% des ganzen Mülls aus. Weitere 15% werden an den Küsten angespült, die restlichen 70% sinken auf den Meeresgrund. Von den 200 bis 250 Millionen Tonnen Plastik, die jährlich produziert werden, landen nach unterschiedlichen Schätzungen zwischen sechs und 26 Millionen Tonnen in den Ozeanen.

Plastik in deutschen Binnengewässern

Wer aber glaubt, dass Plastik „nur" ein Problem der Meere sei, liegt falsch, denn auch die deutschen Binnengewässer sind überraschend stark mit Mikroplastik belastet (vgl. dazu das folgende Unterkapitel). Das ist die Erkenntnis einer Untersuchung der bayerischen Gewässer, die das bayerische Umweltministerium in Auftrag gegeben hat. Besonders stark betroffen ist der Starnberger See, in dem die Forscher beachtliche 831 Partikel pro Quadratmeter entdeckten.

Die Treiber für unseren Plastik-Müll

1. Durchschnittlich nutzt jeder Deutsche pro Jahr 64 Plastiktüten ein einziges Mal und wirft sie dann weg – nach gerade einmal 20 Minuten. Im europäischen Vergleich liegt dieser Verbrauch im Mittelfeld. Verschwenderisch sind Polen, Litauen, Letten oder Portugiesen mit 466 Plastiktüten pro Person, lediglich vier Einmal-Plastiktüten nutzen Dänen und Finnen pro Jahr.
2. Der Verbrauch von Verpackungen aus Plastik ist enorm angestiegen. In Deutschland hat sich die Kunststoff-Abfallmenge von 1994 bis 2013 von rund 2,8 auf 5,7 Millionen Tonnen pro Jahr beinahe verdoppelt, so der Bund für Umwelt und Naturschutz.
3. 90% des Plastik-Mülls wird in Deutschland gesammelt, zeigt die Studie „Produktion, Verarbeitung und Verwertung von Kunststoffen in Deutschland". Das ist im EU-Vergleich gut. Davon werden allerdings 57% energetisch genutzt (Müllverbrennungsanlage) und nur 41% werkstofflich als Rohstoff weiterverwendet. Das ist nicht im Sinne einer Kreislaufwirtschaft. Ein Grund für die schwache Wiederverwertung sind auch Mischkunststoffe, wie zum Beispiel bei Chipstüten oder Zahnpastatuben.
4. Der Einsatz von Mikroplastik in Kosmetika, Duschgels und Shampoos ist durchaus üblich.

Das Plastik hat schwerwiegende Folgen. Im Meer verheddern sich Schildkröten, Delfine oder Vögel im Plastik und verenden qualvoll. Auch verwechseln die

Tiere das Plastik häufig mit Nahrung, fressen es oder verfüttern es unwissentlich an ihre Jungtiere. So sterben jährlich eine Million Seevögel und rund 100.000 Meeressäuger.

Doch der Kunststoff hat nicht nur Auswirkungen auf die Tiere, sondern auch auf uns Menschen. Plastik wird meist aus Rohbenzin (Naphtha) gewonnen und rund 5% des weltweit geförderten Erdöls wird in der Kunststoffindustrie verbraucht. Bei der Herstellung wird der Kunststoff durch Weichmacher, Stabilisatoren, Farbmittel, Füllstoffe, Verstärkungsmittel, Flammschutzmittel oder Antistatikmittel ergänzt. Wissenschafter warnen, dass die Chemikalien in den Kunststoffen gravierende Gesundheitsschäden verursachen, von Allergien und Fettleibigkeit bis hin zu Unfruchtbarkeit, Krebs und Herzerkrankungen. Empfohlen wird daher, Chemikalien zu vermeiden wie: Polyvinylchlorid (PVC), das aus Weichmachern (Phthalaten) besteht, Polycarbonat (PC), Bisphenol A (BPA), bromierte Flammschutzmittel und Organozinnverbindungen. Weichmacher finden sich unter anderem in Wickelunterlagen, abwaschbaren Tischdecken, Verpackungen, Regenkleidung und Klebstoffen. Der Einsatz schädlicher Weichmacher (DEHP) wurde laut Umweltbundesamt deutlich reduziert und in Kinderspielzeug komplett verboten. Einige Hersteller verwenden jedoch verschiedene Typen Weichmacher, die laut Angaben des Amtes bedenklich für Mensch und Umwelt seien.

Und Plastik verschwindet nicht. Es baut sich nicht ab, sondern es zerfällt in immer kleinere Teile, in Mikroplastik.

Was kannst du tun?

- Stell dich der Herausforderung und dem Aufwand, Plastik zu vermeiden. Das ist nicht immer leicht, trotzdem lässt sich der Kunststoff an einigen Stellen im Alltag sehr einfach verringern – erst recht, wenn man den eigenen Plastikkonsum bewusst beobachtet.
- Lehne Plastiktüten ab und nimm zum Einkaufen einen Stoffbeutel, Korb oder Rucksack mit.
- Reduziere deinen gesamten Einwegkonsum, auch bei Papiertüten. Diese gelten zwar als bessere Wahl, verbrauchen aber in der Herstellung Holz und damit einen Rohstoff, der durch Wald-Rodung bereits überstrapaziert ist.
- Verwandle Einweg in Mehrweg: Alte Einwegplastiktüten, die du bereits zu Hause hast, solltest du mehrfach verwenden. Das gilt auch wieder für Papier: Die Tüte vom Bäcker kann als Pausenbrot-Verpackung oder Biomüll-Tüte in der Küche herhalten, wenn sie unbeschichtet ist.
- Kaufe Produkte in Mehrwegverpackungen, z. B. Milchprodukte oder Getränke, auch wenn du unterwegs bist.
- Wähle einen neuen Einkaufsort. Auf dem Markt, beim Bauern, in Fachgeschäften oder „Unverpackt"-Läden lässt sich plastikreduziert einkaufen. Hier können die Waren auch direkt in den Stoffbeutel oder das eigens mitgebrachte Gefäß wandern.
- Kaufe keine Kosmetikprodukte mit Mikroplastik mehr (vgl. dazu auch das folgende Unterkapitel).

- Kaufe Brötchen vom Bäcker statt Aufbackbrötchen in Plastik im Supermarkt.
- Trinke Leitungswasser statt stilles Mineralwasser aus der Plastikflasche.
- Koche frisch und kaufe keine Fertiggerichte.
- Verzichte auf Kaffee-To-Go oder bringe einen Thermobecher mit.
- Ersetze Partybesteck und Geschirr aus Plastik durch Mehrweggeschirr.
- Kaufe statt Taschentüchern in einzelnen Päckchen lieber Papiertücher aus einem Kartonspender – die gibt es übrigens auch als Recyclingprodukt.
- Verwende ein Seifenstück statt Flüssigseife im Plastikspender.
- Iss Eis aus der Waffel statt aus dem Plastikbecher.
- Kaufe keine Süßigkeiten mehr, die dreifach in Plastik verpackt sind.
- Reduziere auch bei Kleinigkeiten: Beim Kaffee- oder Cola-Becher kannst du auf Plastikdeckel und Strohhalm verzichten, sowie im Supermarkt auf die Plastiktüte für drei gekaufte Äpfel.
- Verwende Plastikprodukte, die du bereits besitzt, so lange wie möglich, repariere sie oder upcycle sie.
- Verzichte auf Gefrierbeutel. Lebensmittel können auch sehr gut in leeren Tetrapacks eingefroren werden, die von Milch oder Saft übrig sind. Eine Anleitung gibt es unter *https://goo.gl/Kh1R2i*
- Kaufe keine neuen Produkte aus Plastik mehr, sondern weiche auf Alternativen aus Holz, Glas

oder Metall aus. Die können zwar teurer sein, halten gewöhnlich aber auch länger als der Kunststoff.
- Kaufe auch kein Bioplastik, denn die Tüten sind nur selten wirklich biologisch abbaubar.
- Reduziere oder verzichte auf Kleidung aus Plastik (Fleece, Polyacryl, Polyester), denn diese schwemmt beim Waschen Mikroplastikfasern in die Umwelt. Hier gibt es natürliche Alternativen wie Baumwolle, Hanf, Bambus oder Leinen.
- Sammle Anregungen zum plastikreduzierten bzw. plastikfreien Leben. Im Internet gibt es viele Tipps für den Einkauf oder Anleitungen, wie du Haushaltsreiniger, Spülmittel und Kosmetika selbst herstellen kannst. Außerdem gibt es Online-Shops, in denen du plastikfrei bestellen kannst. Hilfreiche Informationen über ein plastikfreies Leben bieten Blogs, z. B. leben-ohne-plastik.blogspot.de oder keinheimfuerplastik.at
- Vermeide schadstoffbelastete Kunststoffe, wenn du Plastikprodukte kaufst. Diese sind u. a. Polyvinylchlorid (PVC), Polycarbonat (PC) und Bisphenol A (BPA).
- Entsorge Plastikmüll fachgerecht. Misch-Packungen aus Papier und Plastik können per Hand getrennt und in Einzelteilen in den entsprechenden Container geworfen werden.
- Werde selbst aktiv: durch Nachfragen beim Hersteller oder im Laden („Warum ist es nicht anders verpackt?"), in Initiativen oder bei der Unterstützung von Projekten. Bekannt sind hier „The Ocean Cleanup" von Boyan Slat und das

Projekt „One Earth – One Ocean" der beiden Deutschen Günther Bonin und Helmut Paulus.
- Lies das Info-Heft rund um Plastik, das der BUND unter *https://goo.gl/P3hc0U* herausgegeben hat.
- Hilf selbst mit bei Müll-Sammelaktionen von Naturschutz-Organisationen wie dem NABU, WWF, Greenpeace, BUND oder lokalen Vereinen.

Mikroplastik: Eine Gefahr für die Umwelt

Duschgel, Peeling, Puder, Lippenstift: Viele Kosmetikprodukte, die wir täglich verwenden, beinhalten winzige Plastikstücke, sogenanntes Mikroplastik. Beim Auswaschen durch ein feines Sieb werden die mikroskopischen Kunststoffpalletts sichtbar. Was wie weißer Schaum wirkt, ist in Wirklichkeit Plastik. Diese Teilchen, die kleiner als fünf Millimeter sind, spült es durch das Abwasser in die Kläranlagen und weil sie zu winzig sind, um noch gefiltert zu werden, gelangen sie in die Umwelt, ins Trinkwasser und schließlich ins Meer. Der Teil, der sich im Klärschlamm absetzt, landet als Dünger auf den Feldern und wird von Wind und Wetter bis in die Atmosphäre getragen. Plastik im Regenwasser ist die Folge, die wissenschaftlich nachgewiesen wurde. Untersuchungen fanden außerdem Mikroplastik in Trinkwasser sowie in Lebensmitteln wie Honig, Milch, Nordsee-Fischen und Langusten.

Im Meer, dem Endlager für Plastik, fressen kleine Krebse das Mikroplastik und auch in den Mägen von Seehunden, Fischen und Muscheln wurde der Kunststoff nachgewiesen. Einmal im Organismus, kann er nicht mehr ausgeschieden werden und die Tiere verhungern mit vollem Magen. Der BUND warnt vor dem Risiko des Mikroplastiks und nennt den Zustand der Meeresumwelt besorgniserregend: Je kleiner das Plastik ist, desto größer sei das Risiko der Aufnahme und der Anzahl der Tiere, die es konsumieren.

Nachdem die Untersuchungen zum Mikroplastik veröffentlicht wurden, versprachen viele Hersteller, die Teilchen in ihren Produkten zu ersetzen. Erfolge zeigen sich bereits: Während 2014 in einer Liste des BUND noch mehrere Zahnpasten mit bis zu 10% Mikroplastik-Anteil genannt wurden, gibt der Umweltverband heute an, dass aktuell keine Zahnpasta mehr bekannt sei, die Mikroplastik enthalte. Die Partikel finden sich aber noch in vielen anderen Produkten – in zu vielen, denn der Kunststoff ließe sich leicht durch natürliche Stoffe ersetzen.

Die freiwillige Verpflichtung der Hersteller scheint bislang jedoch nicht zu fruchten: Eine Studie von Codecheck fand Mikroplastik in jedem dritten Gesichtspeeling, in jedem vierten Duschgel, in mehr als jeder dritten Sonnencreme und jeder fünften Gesichtscreme.

Was kannst du tun?

- Kontrolliere die Inhaltsstoffe, frage im Geschäft oder beim Hersteller nach und recherchiere im Internet. Für uns Konsumenten ist es nicht einfach, die Verwendung von Mikroplastik in Produkten zu erkennen. Umso genauer müssen wir uns informieren.
- Sieh dir diese Liste an, die der Bund für Umwelt und Naturschutz veröffentlicht hat und auf der Produkte verzeichnet sind, die Mikroplastik enthalten: *https://goo.gl/qOPkHt*
- Sei achtsam beim Kauf von Produkten, die nach dieser Liste Mikroplastik enthalten können: Peelings und Gesichtsreiniger, Gesichtspflege (z. B. Tages- oder Antifalten-Cremes, Waschgel, Lotions etc.), Duschgel und Pflegebäder, Puder, Makeup, Concealer bzw. Rouge, Shampoo, Conditioner und Styling Cremes, Lidschatten,

Mascara, Eyeliner, Augenbrauenstifte, Lippenstifte, Lipgloss und Lipliner, Körperpflegeprodukte, Sonnencreme, Fuß- und Handpflegeprodukte, Rasierschaum und Aftershave sowie Deodorants.
- Überprüfe, ob deine Lieblingsprodukte auf der BUND-Liste stehen und falls ja, suche nach Alternativen. Viele bekannte Hersteller sind dort verzeichnet.
- Sieh dir die Inhaltsstoffe genau an, denn sie können verraten, ob in einem Produkt Mikroplastik enthalten ist. Angezeigt wird es durch Polyethylen (PE), Polypropylen (PP), Polyamid (PA), Polyethylenterephtalat (PET), Nylon-12, Acrylates Copolymer (AC) oder Acrylates / C10-30 Alkyl Acrylates Crosspolymer (ACS).
- Nutze Apps fürs Smartphone, die durch das Scannen des Barcodes auf dem Produkt anzeigen, ob Mikroplastik enthalten ist, z. B. den BUND-Produktcheck „ToxFox" oder die App „Beat the Microbead".
- Geh auf Nummer sicher und kaufe zertifizierte Naturkosmetik, denn diese Produkte sind frei von Mikroplastik. Relevante Siegel sind hier Naturland, EcoControl, NaTrue, das ECOCERT-Label, Demeter oder das BDIH-Siegel für kontrollierte Naturkosmetik.
- Vermeide Plastik im Allgemeinen! Denn die größte Menge an Mikroplastik entsteht dadurch, dass sich größere Plastikteile zersetzen. Mikroplastik in Kosmetik ist nur ein kleiner Teil des großen, weltweiten Plastik-Problems.

Die Biogurke im Plastikmantel

Viele Gründe sprechen dafür, auf Plastik zu verzichten, aber fast alles ist in Plastik verpackt – teilweise sogar mehrfach. Wurst, Käse, Nudeln, Tofu, Müsli, Schokolade, Chips. Plastik ist ökonomisch gesehen eine praktische Verpackung, denn es wiegt weniger als Glas, ist einfacher zu recyceln und schützt die Produkte besser als Kartons. Trotzdem ist gerade bei Bio-Obst und Bio-Gemüse die Plastikverpackung besonders widersinnig. Warum gibt es sie eigentlich?

Laut EU-Verordnung und Verbraucherschutz muss es für den Käufer klar erkennbar sein, ob er ein Bioprodukt kauft oder nicht. Für jedes Bioprodukt herrscht in der EU eine Kennzeichnungspflicht auf dem Etikett, das die Öko-Kontrollstelle angibt, bei der es geprüft wurde. Bei loser Ware wie Obst und Gemüse stehen diese Angaben in den Warenbegleitpapieren. Die Kennzeichnungspflicht soll sicherstellen, dass konventionelle und biologisch hergestellte Lebensmittel klar unterschieden werden können. Was auf dem Papier eindeutig ist, sieht man der Gurke im Supermarktregal nicht an. Hier kommt das Plastik ins Spiel, denn Supermärkte, die konventionelle und biologische Lebensmittel verkaufen, wollen sicherstellen, dass Bio auch wirklich Bio ist. Konventionelle Ware darf nicht aus Versehen im Bioregal landen, also entschied sich der Handel für das Einschweißen in Plastik, das damit deutlich macht: Diese Gurke ist eine Biogurke. Auch wenn ein Kunde sich am Regal spontan anders entscheidet und die Gurke tauscht, bleibt die Unterscheidung klar erkennbar. Einerseits für den Kunden, andererseits für den Kassierer.

Auch der Transport spielt eine Rolle, denn längst kommen viele Bioprodukte aus dem Ausland. Dabei durchlaufen Gurke, Lauch und Brokkoli verschiedene Stationen, werden verpackt, umgepackt, aus Kisten entnommen und in Regale gelegt. Alternativen zur Plastikverpackung haben sich laut Einzelhandel dabei nicht bewährt, waren nicht widerstandsfähig genug, wurden beschädigt oder gingen verloren.

Auch die Kundenwünsche nach makellosem, frischem Obst und Gemüse bedingen die Kunststoffverpackung, denn das Plastik schützt die Produkte, hält sie besser frisch und sorgt für ein hübsches Aussehen. So kann trotz langer Transportwege sichergestellt werden, dass die Erwartungen im Laden erfüllt werden. Das gilt auch für konventionelle Produkte: Verdellte Äpfel und angekratzte Zucchini bleiben im Regal liegen. Rucola-Salat ohne Plastikverpackung würde bereits am Abend die Blätter schlapp hängen lassen, nicht mehr gekauft oder unter Beschwerden zurückgebracht werden. Aber die Ansprüche des Kunden gehen noch weiter. Er verlangt nicht nur perfekte, sondern auch sterile Ware, die nicht bereits von fremden Fingern angefasst wurde. Deshalb kaufen Kunden verpackte Ware lieber als unverpackte, so der Einzelhandel, und nennt als Beispiele Champignons, Paprika oder Salat. Auch finden sich Berichte, dass sich Kunden über den Klebstoff der Aufkleber auf Gemüse beschweren und der Handel deshalb auf Plastikverpackungen wechselte.

Was ist mit Alternativen?

Alternativlösungen wie Banderolen, Aufkleber oder Netze sind nicht für alle Produkte geeignet. Bei Bananen wurde eine Laser-Kennzeichnung auf der Schale getestet, für Gurken ist diese Methode jedoch nicht umsetzbar. Auch Biokunststoff kommt eher selten zum Einsatz, da er die Ware nicht ausreichend schützt. Hinzu kommt, dass Bioplastik trotz des Namens längst nicht nachhaltig und nicht immer biologisch abbaubar ist. Für die Erzeugung braucht es Landflächen, Dünger und häufig Pestizide. Damit steht Bioplastik in direkter Konkurrenz zur Nahrungsmittel- und Futtermittelproduktion.

Die Frage ist auch: Ist es besser, statt der Biogurke im Plastik die konventionelle Gurke ohne Plastik zu kaufen? Bedenken sollte man hier, dass der konventionelle Anbau den Boden, die Flora und die Fauna durch Pestizide und Dünger belastet. Biologische Lebensmittel sind nach Studien des Ökomonitorings Baden-Württemberg gesünder und deutlich weniger mit Schadstoffen belastet.

Was kannst du tun?

- Kaufe unverpacktes Bio-Obst, Bio-Gemüse und Bio-Kräuter. Das gibt es in Hofläden, auf Wochenmärkten oder in Bio-Supermärkten, in denen nur Bioprodukte verkauft werden.
- Verzichte auf extra Plastikbeutel. Obst und Gemüse sind durch ihre natürliche Schale bereits verpackt. Und zu Hause putzt, wäschst und kochst du die Ware sowieso. Warum also nicht einfach Karotten, Paprika, Tomaten oder Äpfel lose aufs Band legen und bei jedem Einkauf Plastiktüten sparen?

- Entscheide dich für lose Einzelware statt für Plastikfolie oder Plastiknetz. Diese Wahl hast du auch bei Obst und Gemüse im Supermarkt, z. B. bei Zitronen, Limetten, Tomaten, Karotten, Kartoffeln oder Zwiebeln.
- Verwende alte Zeitungen als Verpackungstüten für Obst und Gemüse. Falt-Anleitungen findest du ganz leicht im Internet.
- Pflanze selbst Kräuter auf deinem Balkon, deiner Fensterbank oder im Garten an. Topfkräuter, etwa aus dem Supermarkt, solltest du in einen größeren Topf von mindestens 20 cm Durchmesser umpflanzen, denn so gedeihen sie besser und halten länger.
- Überlege dir auch für andere Produkte plastikfreie Alternativen. Milch, Sahne, Joghurt, Öl, Essig oder Ketchup kann man auch in Glasflaschen kaufen.

Papier

Von 2000 bis 2012 ist die Welt um 1,5 Millionen Quadratkilometer Wald ärmer geworden. Das entspricht einer Fläche, die viermal so groß wie Deutschland ist. Es hat viele Gründe, warum der Wald weichen muss: Er wird zu Nutzholz oder Brennholz verarbeitet, der Mensch braucht Platz für Viehzucht, Landwirtschaft und Infrastrukturen, außerdem stört der Wald beim Abbau der Bodenschätze. Die Folgen der Abholzung sind unter anderem defekte Ökosysteme und eine Beschleunigung des Klimawandels. Eine Weiterentwicklung des Trends wäre katastrophal für die Menschheit, denn schon jetzt ist zu viel Wald verlorengegangen. Vorangetrieben werden die Rodungen vor allem durch die Nachfrage aus Europa, und Deutschland ist eines der Hauptzielländer für Waren wie Soja, Rindfleisch, Leder, Palmöl und auch Papier.

Die Zukunft der Wälder und das Papier

Zeitungen, Verpackungen, Toilettenpapier, Küchentücher, Geschenkpapier: Fast 250 Kilogramm Papier verbraucht ein Deutscher pro Jahr, auf die ganze Bundesrepublik gerechnet sind es rund 20 Millionen Tonnen. Das ist mehr Papier, als alle Menschen in Afrika und Südamerika zusammen verwenden. Laut einer Studie der „Association for Information and Image Management" und nach Aussagen des WWF steigt der Papierbedarf sogar noch weiter an – und das trotz bzw. gerade wegen des Computerzeitalters. Die Digitalisierung fördert nämlich den Papierverbrauch, denn der

Versandhandel boomt und die Artikel werden reichlich in Kartons und Papier verpackt: 7,7 Millionen Tonnen kommen so jährlich zusammen. Auch der beliebte „Kaffee-To-Go" schlägt sich in der Bilanz deutlich nieder, mit rund sechs Milliarden Pappbechern. Und würde man alle DIN A4-Blätter, die in Deutschland pro Jahr verwendet werden, auf einen Güterzug laden, hätte der eine Länge von 600 Kilometern.

Die Fakten zum Papierverbrauch

1. Deutschland ist der viertgrößte Papierproduzent der Welt nach den USA, China und Japan.
2. Deutschland ist der zweitgrößte Papierimporteur und der zweitgrößte Zellstoffimporteur der Welt nach den USA. Lieferanten sind Finnland und Schweden, aber auch Länder wie Russland, Brasilien und Indonesien, in denen Urwälder zur Holzgewinnung gerodet werden.
3. Der Pro-Kopf-Verbrauch steigt kontinuierlich: Jeder Deutsche verbraucht im Jahr rund 250kg Papier, Pappe oder Karton. 1975 war es nicht einmal die Hälfte.
4. Kaum ein Land sammelt mehr Altpapier als Deutschland. 2014 waren es 15,1 Millionen Tonnen Altpapier, bei einer Rücklaufquote von 74%.
5. Vor allem die Industriestaaten konsumieren viel Papier und das Holz dafür stammt aus Wäldern rund um den Globus. Fast jeder zweite industriell geschlagene Baum fällt für die Papierproduktion und laut dem Worldwatch Institute stammen etwa 17% der Bäume aus Urwäldern.

Was genau ist eigentlich ein Wald?

Gemäß der Welternährungsorganisation der Vereinten Nationen (FAO) wird „Wald" als eine Landfläche von mindestens 0,5 Hektar Größe definiert, die mit Bäumen höher als fünf Meter bewachsen ist, deren Baumkronendach mehr als 10% des Bodens beschatten. Es kann sich dabei um einen Jahrhunderte alten Regenwald oder auch um einen wirtschaftlich genutzten Forst handeln. Bei dieser Definition ist daher Vorsicht geboten, denn sie sagt nichts über die Ursprünglichkeit eines Waldes aus.

Warum Wald mehr ist als nur Holz

Ein Baum ist wesentlich mehr als ein Schattenspender und wesentlich mehr als ein Holzlieferant. Die Wälder haben einen signifikanten Einfluss auf unser Ökosystem: Zum einen binden sie große Mengen CO_2, das heißt der wesentliche Treiber des menschengemachten Klimawandels ist das Lebenselixier der Bäume. Neben den Bäumen selbst nimmt auch der Boden, auf dem sie wachsen, fast 25% unseres ausgestoßenen CO_2 auf.

Zum anderen sorgen die Bäume für Regen: Forscher fanden heraus, dass es in stark bewachsenen Waldgebieten doppelt so viel Niederschlag gibt wie in kahlen Regionen. Entlang der Wurzeln der Bäume sinkt das Wasser bis zum Grundwasser hinab und kann, statt zu einfach zu verdunsten, zu Trinkwasser werden. Bäume mit langen Wurzeln befördern Wasser aus großen Tiefen nach oben und schwitzen die Feuchte förmlich aus. Von diesem Wasserkreislauf des Waldes profitieren auch die restlichen Pflanzen, die Landwirtschaft und die Tiere der Umgebung. Abholzung dagegen fördert Dürren, Bodenerosion und steigert die Waldbrandgefahr des restlichen Waldes.

Darüber hinaus ist der Wald ein wertvoller Lebensraum und verschwindet er, verschwinden auch die Arten. Eine Studie der James Cook University belegt den „Kollaps der Artenvielfalt" (Lingenhöhl, 2012: Online) durch den Verlust der Waldflächen. Der asiatische Elefant hat bereits 95% seines ursprünglichen Verbreitungsgebietes eingebüßt und in Malaysia sind 20% der Vogel- und 50% der Affenarten verschwunden. Dabei braucht der Wald die Tiere zum Überleben genauso wie sie ihn, denn sie verbreiten durch das Fressen der Früchte und das Ausscheiden des Kots die Samen der Bäume.

Und schließlich sind die Wälder auch Lebensräume für 300 Millionen Menschen, darunter mehr als 200 indigene Völker. Durch die Abholzung wird ihnen ihre traditionelle Lebensart genommen und sie werden durch diese radikale Veränderung in den „modernen" Lebensstil gedrängt.

Die Folgen der Papierproduktion

Laut WWF stammt 7 bis 9% des nach Deutschland importierten Holzes aus illegalen Quellen, vorwiegend aus Russland, Indonesien und China. Für uns Konsumenten heißt das im Klartext: Etwa jedes zwanzigste Holz- oder Papierprodukt stammt aus illegaler Rodung und am Häufigsten betroffen sind Schnittholz, Sperrholz, fertige Holzprodukte, Möbel und Papier. Die illegalen Rodungen zerstören die Lebensräume und die Kultur der indigenen Völker, vernichten und gefährden

Flora und Fauna, beschleunigen den Klimawandel und richten durch Billigpreise wirtschaftliche Schäden an.

Betrachtet man die legale Papierproduktion, ist auch diese problematisch, da die Baumplantagen zur Holzgewinnung meist nicht umweltfreundlich sind und große Flächen Land verbrauchen. Obendrein werden die Bäume in Monokulturen angepflanzt, was die Böden auslaugt und den Einsatz von Pestiziden und Düngemitteln notwendig macht.

Daneben verbraucht die Papierproduktion viel Wasser und Energie: Um 100kg Papier aus Holz zu erhalten benötigt man 300kg Holz, 500 Liter Wasser, 1.000kWh Energie und es werden 110kg CO_2 freigesetzt. Recyclingpapier ist umweltschonender, denn es verbraucht 110kg Altpapier, 2.000 Liter Wasser, 400kWh Energie und setzt 90kg CO_2 frei. Die Zukunft der Wälder hängt mit dem Papierverbrauch zusammen.

Was kannst du tun?

- Verwende Recyclingpapier bei Druck- und Kopierpapier, bei Toilettenpapier, Küchenrolle und Taschentüchern. Hier sollte man beim Kauf das Blauer-Engel-Siegel berücksichtigen.
- Achte auf das FSC-Logo: Das internationale Siegel zertifiziert Frischfaserpapiere und stellt sicher, dass das Produkt aus Wäldern stammt, die nach anspruchsvollen ökologischen und sozialen Standards bewirtschaftet werden. Das Siegel gilt für alle Holzprodukte, auch Möbel oder Schnittholz.
- Verwende dünneres Papier mit 65 statt 80 Gramm.

- Nutze Papier mehrfach: Alte, einseitige Ausdrucke kannst du als Schmierpapier oder Notizzettel weiterverwenden und die leeren Rückseiten alter Ausdrucke oder Unterlagen neu bedrucken.
- Setze dich für papierlose Meetings ein: Info-Material muss nicht für jeden Teilnehmer ausgedruckt werden. Es kann im Vorfeld als PDF oder PowerPoint zugeschickt und während des Meetings auf Laptops, Tablets oder Smartphones eingesehen werden.
- Ändere deine Druck- und Kopiergewohnheiten:
  - Drucke nur wirklich wichtige Texte aus, die du mehr als einmal liest.
  - Korrigiere deine Dokumente am Bildschirm und überprüfe die Formatierung in der Vorschau, denn das vermeidet Fehldrucke.
  - Optimiere das Dokument, um Druck-Seiten einzusparen.
  - Beidseitiges Bedrucken bzw. Kopieren halbiert den Papierverbrauch.
  - Drucke oder kopiere nichts im Voraus auf Verdacht, sondern stets nach Bedarf.
  - Verwende Recyclingpapier, wo immer es möglich ist.
- Lege Dokumente nur einmal ab und organisiere sie durch Querverweise.
- Verhindere das Ausdrucken: Der WWF hat ein Dateiformat entwickelt, das sich ganz normal lesen, aber nicht ausdrucken lässt. Die Software ist

kostenlos und steht unter *https://goo.gl/Er7Onb* zum Download bereit.
- Entscheide dich beim Druck von Visitenkarten, Flyern, Postkarten, Briefpapier oder Schreibtischunterlagen für Umweltfreundlichkeit und am besten auch für Recyclingpapier. Über eine Internetsuche findest du rasch einige Umweltdruckereien.
- Tausche abonnierte Zeitungen oder Zeitschriften mit Freunden, Kollegen oder Nachbarn im Lesezirkel.
- Bestelle überflüssige Kataloge, Magazine oder Broschüren ab, die du im Büro und zu Hause nicht liest, z. B. auch Mitgliedermagazine von Vereinen oder Krankenkassen.
- Versehe deinen Briefkasten mit dem Hinweis „Keine Werbung einwerfen".
- Ersetze Kaffeefilter aus Papier durch Dauerfilter aus Metall („Goldfilter") oder Baumwollfilter aus dem Teehaus. Es gibt auch Geräte, die ganz ohne Filter auskommen, z. B. die French Press.
- Entscheide dich für mehrfach verwendbare Alternativen und vermeide Einwegnutzung wie Papp-Geschirr bei Partys oder den Kaffee-To-Go-Becher.
- Ersetze die Papierküchenrolle durch waschbare Küchentücher.
- Bestelle weniger online, sondern kaufe lokal vor Ort ein. Das spart Versandmaterial.
- Verzichte beim Einkaufen auf Papiertüten und verwende eine Stofftasche oder einen Rucksack.

- Verwende Altpapier weiter, z. B. als Geschenkpapier, als Obsttüte oder als Briefumschlag.
- Verwende weniger Papierhandtücher zum Händetrocknen: Schüttle deine Hände nach dem Waschen gut aus, dann kommst du problemlos mit einem einzigen Papierhandtuch aus.
- Schaffe ein Bewusstsein fürs Papiersparen, etwa durch zusätzliche Hinweise in Mails, vor Meetings oder beim nächsten Team-Event.

Müll

Es ist ein Abenteuer der Extraklasse, auf das sich die beiden Surfer Inge Wegge und Jørn Ranum machten: Sie verließen den Alltag und reisten in die Wildnis Norwegens, um dort neun Monate fernab der Zivilisation zu leben. In einer abgelegenen Bucht am Meer wollten sie die Einsamkeit der Natur genießen und nach den perfekten Wellen suchen. Sie fanden diese Wellen. Und mit ihnen drei Tonnen Müll. Denn die Produkte unserer Zivilisation machen auch vor den abgeschiedenen Stränden nicht Halt.

Wie viel Wegwerfgesellschaft sind wir?

Man ist was man wegwirft, könnte ein Sprichwort lauten. Die Weltbevölkerung erschafft jeden Tag rund 3,5 Millionen Tonnen Müll, ermittelte ein kanadisches Forscherteam in einer Studie. Würde man all diese Tonnen auf Müllautos laden, wäre ihre Reihe 2.916 Kilometer lang und würde von Berlin bis Kairo reichen. Bis zum Jahr 2025 soll das Abfallaufkommen weiter anwachsen, auf sechs Millionen Tonnen. Die Reihe der Müllfahrzeuge reicht dann von Paris bis Katar. Damit sind wir wohl eine Wegwerfgesellschaft und die größten Müllerzeuger sind Amerika und Europa.

Der Abfall pro Kopf in Deutschland

2014 erzeugte jeder Deutsche im Schnitt einen Müllberg von 462 Kilogramm: 148kg Wertstoffe wie Glas, Verpackungen, Metalle, Holz, Kunststoff und Textilien, 162kg Hausmüll, 64kg pflanzliche Abfälle, etwa aus dem Garten, 57kg kompostierbare Küchenabfälle, 29kg Sperrmüll und 2kg sonstigen Müll wie Batterien. Nicht eingeschlossen sind in dieser Rechnung Elektroaltgeräte: Sie werden seit dem Elektro-Gesetz 2006 gesondert erfasst und betragen laut Statistik 21,7kg pro Person. Vergleicht man die Bundesländer miteinander, sind die Spitzenreiter der Müll-Produktion Rheinland-Pfalz mit 524kg Abfall pro Kopf und Niedersachsen mit 522kg. Die größten Müll-Vermeider dagegen leben in Ostdeutschland: In Brandenburg produziert jeder Bürger jährlich 401kg Abfall, in Berlin 385kg und in Sachsen lediglich 332kg.

Problembereich Verpackungen

Der Abfall pro Kopf hat sich in den letzten zehn Jahren kaum verändert, allerdings gab es einige Umverteilungen. Während der Hausmüll in der schwarzen bzw. grauen Tonne weniger geworden ist, hat der Verpackungsmüll wie Plastik, Glas und Karton stark zugenommen. Allein von 2000 bis 2014 sind Papierverpackungen um 75% und Plastikverpackungen um 61% angewachsen. Wesentliche Gründe dafür sind folgende:

1. Im Versandhandel und Online-Shopping werden zu den Primärverpackungen der Produkte noch zusätzlich Versandverpackungen eingesetzt.
2. Es werden bei Produkten zunehmend kleinere Füllgrößen und/oder vorportionierte Einheiten angeboten und auch gekauft. Dies ist auf die steigende Anzahl an Ein- und Zweipersonenhaushalte sowie der Seniorenhaushalte zurückzuführen. Eine 0,5 Liter PET-Flasche ver-

braucht beispielsweise im Vergleich zu einer Ein-Liter-PET-Flasche knapp 14% mehr Kunststoff.
3. Die Essensgewohnheiten der Menschen haben sich verändert und mit dem To-Go-Verzehr, Fast-Food-Gerichten, Einweggetränkeverpackungen und Fertiggerichten ist auch der Müllberg stark angestiegen.

Wie Kaffeekapseln zum Problem werden

Ein Beispiel für ein neueres Müllproblem sind die bunten kleinen Kaffeekapseln. Sie sind geliebt, umstritten und produzieren jede Menge Abfall: Gut drei Milliarden Stück verbrauchen die Deutschen jährlich und produzieren damit 5.000 Tonnen Müll. Die Nachfrage an Kapseln nimmt laut dem deutschen Kaffeeverband immer weiter zu. Allein von 2014 auf 2015 lag das Wachstum bei 5%. Durch diesen Trend wird neben dem Kaffee auch seine Verpackung zum Umweltproblem. Während es in anderen Ländern Recyclingsysteme für die Kapseln gibt, landen sie in Deutschland oft im Restmüll.

Was dann mit ihnen geschieht, ist von Kommune zu Kommune unterschiedlich. Entweder wandert der Restmüll in die Müllverbrennung, dann gehen die Kapseln für das Recycling verloren. Oder der Restmüll wird vorher in Mechanisch-Biologischen-Anlagen vorbehandelt, geschreddert und sortiert. Dabei werden verschiedene Metalle zurück gewonnen, darunter auch das Aluminium, aus dem die Kapseln meist bestehen, und das sich sehr gut mit wenig Energie recyceln lässt. Aktuell gibt es in Deutschland 44 solcher Anlagen, mit denen rund fünf Millionen Tonnen Restabfälle pro Jahr sortiert werden. Das ist jedoch nur ein Teil verglichen mit dem gesamten Restmüllaufkommen von 15,5 Millionen Tonnen.

Ein Großteil der Rohstoffe aus den Kaffeekapseln geht für das Recycling verloren, denn lediglich ein Viertel der kleinen Verpackungen landet in der gelben Tonne. Dort gehören sie eigentlich hin, nur weiß das kaum jemand. „Verschwendung" nennen das Umweltschützer, denn Aluminium braucht bei der Produktion sehr viel Energie, viele Rohstoffe und verursacht Treibhausgase. Für die Produktion neuer Kapseln muss immer wieder Neu-Aluminium verwendet werden und das bedeutet einen extremen Ressourcenverbrauch. Zumal für den Abbau von Bauxit, aus dem Aluminium gewonnen wird, auch Regenwälder gerodet und Landstriche mit hochgiftigen Abfallprodukten und Schlämmen verschmutzt werden. Und im Gegensatz zu Kaffee-Pads oder Kaffeefiltern, die aus Zellstoff und damit Holz hergestellt werden, ist Aluminium kein nachwachsender Rohstoff.

Kapseln aus Plastik schneiden in der Bilanz der Öko-Institute sogar noch schlechter ab als die Aluminium-Kapseln. Und Mischkapseln, die aus Plastik bestehen, aber einen Deckel aus Aluminium haben, sind noch schwerer zu recyceln.

Überhaupt ist das Verhältnis zwischen Kaffee und Verpackung bei den Kapseln unverhältnismäßig hoch. Zwei bis drei Gramm Verpackung für sechs bzw. sieben Gramm Kaffee, das bedeutet rund 38% des Produktes ist Müll. Eine 500-Gramm-Packung Kaffee kommt auf 15 Gramm Verpackung und damit 3% Müll für das Produkt.

Geht es um Zahlen zum Müll, halten sich die Kaffeekonzerne bedeckt. Man arbeite an der Verpackungstechnik, um den Materialeinsatz zu verringern und die Umwelt so wenig wie möglich zu belasten, heißt es bspw. bei Nestlé (vgl. Nestlé Deutschland AG, o. J.: Online). Dennoch ist das Müllproblem hausgemacht und solange die Nachfrage besteht, werden die Geister, die man rief, auch bleiben. Dass der Kunde die Kapseln, die er so gerne in den Einkaufswagen legt, hinterher nicht richtig entsorgt, ist schließlich nicht die Schuld der Kaffeeindustrie.

Das Leben nach dem Wegwerfen

Die Verwertungsquote der haushaltstypischen Abfälle ist in Deutschland relativ hoch. Dabei unterscheidet die Statistik des Umweltbundesamtes zwischen „Verwertung" und „Recycling". Verwertung bezeichnet sowohl die energetische Nutzung zur Strom- und Fernwärmegewinnung als auch die stoffliche Nutzung, also das klassische Recycling, bei dem das Abfallmaterial zum Rohstoff für die Produktion neuer Produkte wird. 88% unseres Mülls werden verwertet: Papier, Glas und Elektrogeräte zu fast 100% (davon 100% Recycling), Kunststoffe zu 97% (davon 83% Recycling), Hausmüll zu 68% (davon 16% Recycling) und Sperrmüll zu 87% (davon 55% Recycling). Die Sammelquote für Altbatterien liegt in Deutschland bei 46%.

Was kannst du tun?

- Mache dir bewusst, dass Müll nicht wertlos ist, sondern ein Rohstoff.

- Trenne und entsorge deinen Abfall ordnungsgemäß. Das mag selbstverständlich klingen, ist es aber leider nicht. Einige Beispiele:
  - Batterien, Farben oder Lacke gehören nicht in den Hausmüll. Sie müssen in dafür vorgesehene Wertstoffbehälter geworfen werden, z. B. im Supermarkt, Bauhaus oder Wertstoffhof.
  - Alte Elektrogeräte müssen auf den Wertstoffhof gebracht oder im Elektronik-Laden abgegeben werden. Sie gehören nicht in den Hausmüll. Auch der Sperrmüll nimmt keine Elektrogeräte mit.
  - Vasen, Trinkgläser, Porzellan oder Spiegel gehören nicht in den Glascontainer, sondern in den Restmüll. Durch die unterschiedliche Produktionsart können sie nicht mit den normalen Flaschen und dem Altglas recycelt werden.
  - Kaffeekapseln gehören in den gelben Sack.
  - Joghurtbecher kann man „löffelrein" in den gelben Sack werfen, weil die Recyclingfirmen das Material eh noch einmal reinigen. Die Becher sollten aber nicht ineinandergestapelt und die Aludeckel komplett abgetrennt werden.
  - CDs und DVDs gehören in den gelben Sack. Bringt man sie auf den Wertstoffhof, können sie auch für neue Rohlinge wiederverwendet werden. Disks mit sensi-

blen Daten sollte man zerkratzen oder zerbrechen.
- o Brötchentüten oder Verpackungen der Fleisch- und Käsetheke gehören in den gelben Sack und nicht ins Altpapier.
- o Allgemein darf kein Papier, das mit Farbe oder Lebensmitteln bekleckert ist, ins Altpapier. Auch beschichtete oder imprägnierte Papiere (Wachspapier, Faxpapier, Kohlepapier etc.) dürfen nicht in die Altpapiertonne, genauso wenig wie Taschentücher. Servietten dagegen dürfen ins Altpapier, durch ihre spezielle Machart.
- o Pakete oder Kartons sollten in Stücke gerissen werden. Das Klebeband gehört in den Restmüll, der Karton ins Altpapier.
- Trenne Misch-Packungen und wirf die Einzelteile in die richtige Tonne.
- Wirf deine Abfälle aus Küche und Garten in die Biotonne, denn sie haben enormes Potential als Energiequelle und als Dünger, das sonst verloren geht.
- Verwende Mehrweg statt Einweg. Rucksack statt Plastiktüte, Glasgefäß statt Plastikbecher, Brotdose statt Alufolie.
- Benutze Nachfüllpackungen.
- Verwende Akkus oder Geräte mit Stromanschluss, um Batterien einzusparen.
- Überdenke, was du wirklich brauchst und wie du deinen Rohstoffbedarf reduzieren kannst. Auch Kleinigkeiten machen einen Unterschied.

- Bestelle überflüssige Zeitschriften, Magazine und Flyer ab.
- Plane besser, z. B. beim Essen. Hast du alle Rezepte und Mahlzeiten für die Woche im Kopf, kannst du gezielter einkaufen und es bleiben keine Lebensmittel übrig, die weggeworfen werden müssen. Übrigens lassen sich mit Resten auch kreative Gerichte zaubern, z. B. Suppen oder Brezenknödel aus alten, harten Brezen.
- Wirf abgelaufene Lebensmittel nicht sofort weg. Produkte können problemlos eine Woche nach Ablauf des Mindesthaltbarkeitsdatums verzehrt werden, einige Lebensmittel verfallen bei richtiger Lagerung sogar nie, z. B. Zucker, Reis, Mehl oder Nudeln.
- Kaufe Produkte mit weniger Verpackungen, z. B. auf dem Wochenmarkt.
- Kaufe zeitlose Produkte statt kurzlebiger Trends. Das garantiert, dass sie länger verwendet werden.
- Kaufe Recyclingware, denn das nutzt Ressourcen besser, z. B. bei Toilettenpapier, Küchenrolle oder Kunststoffprodukten.
- Kaufe Secondhand statt neuer Ware, nicht nur bei Kleidung, sondern auch bei Geschirr, Kinderspielzeug, Haushaltsgeräten, Elektrogeräten, Büchern oder Möbeln. Über Kleinanzeigen, Flohmärkte, Freunde oder in Sozialkaufhäusern kann man Produkten damit ein längeres Leben schenken.
- Leihe dir Dinge aus statt sie zu kaufen, z. B. Freizeit- und Sport-Equipment, Werkzeug oder Autos.

- Repariere deine Produkte statt sie wegzuwerfen. In vielen Städten gibt es Repair-Cafés, das sind Veranstaltungen zum gemeinsamen Reparieren.
- Werde selbst kreativ und mache durch „Upcycling" aus alten Dingen schöne neue Sachen, z. B. Handtaschen aus alten Jeans, Garderoben aus alten Nummernschildern oder Stift-Halter aus Duschgel-Packungen. Kleidung, die dir zu langweilig geworden ist, kannst du auch ganz einfach durch Farbe oder Aufnäher wieder schick machen.
- Gib Sachen, die du nicht mehr verwenden willst, weiter, verkaufe oder spende sie, z. B. dem örtlichen Sozialkaufhaus.
- Ändere deine Gewohnheiten, z. B. Leitungswasser trinken statt Wasser aus Plastikflaschen.
- Achte beim Kauf auf Qualität, Langlebigkeit und Reparaturfreundlichkeit der Produkte. Testberichte und Kunden-Erfahrungen findet man heute problemlos im Internet und der Aufpreis lohnt sich.
- Reduziere auch deinen indirekten Müll, der z. B. durch den Konsum von Atomstrom anfällt. Ökostrom ist die bessere Alternative.
- Kaufe kein Produkt statt ein Produkt. Der beste Müll ist der, der gar nicht erst entsteht! Mehr Infos zur Müllreduktion und Müllvermeidung gibt es auch in den Kapiteln *Plastik* und *Papier*.

Garten & Balkon

Der Blick ins Grüne ist einfach herrlich. Besonders schön ist er, wenn man Blumen, Obst, Gemüse und Kräuter liebevoll selbst gehegt und gepflegt hat. Aber es ist nicht jedes heimische Grün, das im Garten, auf dem Balkon oder der Fensterbank wächst, auch automatisch gut für die Umwelt. Was wir anpflanzen, für welchen Samen wir uns entscheiden, für welche Erde und welchen Dünger – all das hat auch Einfluss auf Flora und Fauna.

Wie Hobby-Gärtner der Natur helfen können

Eine kleine Pflanze kann bereits einen Unterschied machen. Durch die Erde, in der sie wächst, durch ihre Art und die Umgebung, in die sie eingepflanzt wird. Der Einfluss auf Natur und Tiere beginnt bereits dann, wenn der Hobbygärtner seine Bepflanzung plant und in der Baumschule oder Gärtnerei einkauft. Zum Beispiel enthalten herkömmliche Erden Torf, das nicht-nachhaltig aus Moorlandschaften gewonnen wird. Moore sind gefährdete Lebensräume und viele Tier- und Pflanzenarten sind vom Aussterben bedroht, wie die Sumpfohreule und das Birkenhuhn.

Bei der Kaufentscheidung ist die Bezeichnung „Bio" auf den Erde-Säcken nicht ausreichend, um einen wirklich nachhaltigen Einkauf zu gewährleisten, denn für Blumenerde ist der Begriff nicht geschützt. Das heißt, auch bei „Bio-Erde" wird torfhaltige Erde angeboten. Deshalb sollte man beim Kauf in jedem Fall darauf achten, dass auf der Verpackung zusätzlich noch „torffrei" oder „ohne Torf" steht, denn nur dann ist sichergestellt, dass man sich mit dem Kauf nicht an der Zerstörung der Moore beteiligt.

Bei der Gestaltung des eigenen Gartens kann der Hobbygärtner durch verschiedene Maßnahmen die Natur fördern, zum Beispiel indem er sich für einen sogenannten Ökogarten entscheidet. Dieser unterstützt durch eine gezielte Struktur die heimische Artenvielfalt und nimmt sich die Natur zum Vorbild. Das bedeutet für die Umsetzung:

1. Heimische Wildpflanzen und Wildtiere werden mit geeigneten Materialien und ökologischen Arbeitsweisen im Fortbestand unterstützt und aufgebaut.
2. Gentechnisch veränderte Pflanzen, Organismen oder Saatgut werden vermieden.
3. Gepflanzt werden heimische Pflanzen, am besten Wildformen aus kontrolliert biologischem Anbau, und keine gebietsfremden Arten.
4. Chemische Dünger und Pestizide sind tabu. Eingesetzt werden Naturdünger, biologische Mittel oder intelligente Pflanzung, die Schädlinge fernhält. So kann bspw. Lavendel den Blattlausbefall fernhalten.
5. Blütezeiten werden so gesetzt und geplant, dass zu jeder Jahreszeit ein maximaler ökologischer Wert für die Tierwelt besteht. Es gibt also keine „blütenleeren" Zeiten im Ökogarten.
6. Begrünt werden möglichst viele Bereiche, auch Kiesstreifen, Trockenmauern, Dächer oder Fugen.

7. Es wird Raum und Schutz für Artenvielfalt geschaffen, durch Totholzbeete, Hecken, Stauden, frei wachsende Gehölze oder Biotope.
8. Der Boden wird möglichst natürlich gehalten und schonend bearbeitet. Eingesetzt werden natürliche Mulch-Materialien wie Laub, Grasschnitt, Stroh oder Brennnesseln. Auf schwere Maschinen, die den Boden verdichten, wird verzichtet.
9. Nisthilfen für Vögel, Insekten und Fledermäuse werden gesetzt.
10. Ressourcen werden schonend eingesetzt oder ganz vermieden, etwa der Einsatz von Kunststoffen, Maschinen oder Gartenbeleuchtung.

Solche Naturgärten bedeuten Naturschutz in Siedlungsräumen und es geht bei diesen Konzepten nicht um „Optik" sondern tatsächlich um Funktionalität. Der Naturgarten wird, wie jeder andere Garten auch, gepflegt. Dennoch bleibt vieles gefühlt „unordentlich" oder „nicht aufgeräumt", denn Wiesenbereiche werden nicht gemäht, Laub, altes Holz oder Äste bleiben liegen, nicht jedes bisschen Unkraut wird sofort entfernt und es gibt freie Bodenbereiche, die nicht wieder bepflanzt werden. All dies folgt dem Zweck, die Artenvielfalt zu fördern und ein Ökosystem entstehen zu lassen, das sich auf natürliche, gesunde Weise entwickeln kann. Vögel finden Nistplätze, Igel Nahrung und Insekten siedeln sich an.

Gerade die Kleinsten im Tierreich müssen geschützt werden, denn durch Flächenzerstörung und Bodennutzung gehen immer mehr Nist- und Brutträume für Insekten verloren. Falsche Bepflanzungen und der Einsatz chemischer Dünger und Spritzmittel gefährden ihre Nahrungsgrundlagen. So klein und unwichtig die Insekten scheinen, so groß ist ihr Einfluss auf das Ökosystem.

Das Bienensterben und seine Folgen

Der Ausspruch „fleißiges Bienchen" kommt nicht von ungefähr, denn Bienen sind emsig und nehmen eine wichtige Schlüsselrolle im Tierreich ein. Sie sind Bestäuber für nahezu alle einheimischen Pflanzen, ob Kultur- oder Wildpflanze: Für 80% davon sichert die Biene durch ihre Arbeit das Überleben. 20.000 Bienenarten gibt es weltweit, 550 sind bei uns heimisch und am Bekanntesten ist die Honigbiene. 4.400 Blüten pro Tag kann dieses kleine Insekt bestäuben. Ihr Verwandter, die Pelzbiene, sogar 8.800 Blüten. Das Sammelgebiet eines Bienenvolkes ist rund 50 Quadratkilometer groß und entspricht damit etwa dem Innenstadtgebiet von Köln. Die Insekten bestäuben Gräser, Blumen und Bäume, und damit auch unsere Nahrung, vom Apfel über die Erdbeere bis zu Mandeln und Tomaten. Gerade deshalb kann das Bienensterben zu fatalen Folgen für uns Menschen führen.

Die Biene ist das drittwichtigste Nutztier des Menschen und sorgt allein in Deutschland für eine volkswirtschaftliche Leistung von jährlich zwei Milliarden Euro. Viel entscheidender ist jedoch: Würde es keine Bienen mehr geben, wären wir Menschen nach vier Jahren ausgestorben. Ohne Bienen gibt es keine Bestäubung mehr, damit keine Pflanzen, keine Tiere und keinen Menschen. Das Bienensterben gefährdet die Welternährung, denn fehlen die Insekten, müssen die Blüten aufwändig per Hand bestäubt werden. Ein Szenario, das in Teilen Chinas bereits an der Tagesordnung ist. Das Problem macht nur allzu deutlich, wie sehr wir trotz des technischen Fortschritts noch von der Natur abhängig sind.

Das Leben der Biene ist weltweit stark bedroht. Zu einem Massensterben kam es im Winter 2012/13: Laut einem Bericht von UNEP und Greenpeace starben in den USA 20% der Bienen, im Nahen Osten verendeten 85%, in Europa 20% und allein in Deutschland 30%.

Als wesentlichen Grund für das Bienensterben benennen Forscher die Pestizide, die wie Nervengifte wirken. Durch sie verlieren die Bienen die Orientierung, ihre Kommunikationsfähigkeit und das Vermögen, sich um ihren Nachwuchs zu kümmern. Mit jedem Flug transportieren die Helferinnen eine kleine Menge des Mittels in den Stock, wo die Pestizide mit den anderen Bienen in Kontakt kommen und die schädliche Wirkung auch auf diese übertragen.

Neben den Pestiziden leiden die Bienen auch unter der Varroa-Milbe, die laut den Imkern als Hauptverursacher für das Bienensterben in Deutschland gilt. Die Milbe ist ein Parasit, der sich vom Blut der Bienen ernährt. Der Befall schwächt die Tiere und führt – gerade bei jungen Bienen – häufig nach kurzer Zeit zum Tod.

Ein weiterer Grund für das Bienensterben ist neben Umweltbelastungen und klimatischen Veränderungen außerdem der Futtermangel. Immer häufiger werden Monokulturen angepflanzt und immer seltener gibt es naturbelassene Landstriche. Wiesen werden oft schon vor der Blütezeit gemäht und spenden dadurch keine Nahrung mehr. Auch die Blumenvielfalt in den ländlichen und städtischen Gärten geht zurück und auf vielen Balkonen wachsen Geranien und Dahlien. Diese sehen zwar hübsch aus und duften herrlich, tragen aber in den gezüchteten Blütenblättern weder Nektar noch Pollen. Es ist ein Blütenmeer, in dem Hummeln und Bienen leer ausgehen. Sie müssen länger suchen und weiter fliegen, um Nahrung zu finden, das wiederum kostet Energie und macht hungrig. Diesem Futtermangel, der durch falsche Bepflanzung entsteht, kann man leicht vorbeugen.

Was kannst du tun?

- Bepflanze deinen Balkon und Garten möglichst naturnah, um die heimische Artenvielfalt zu fördern.
- Verwende statt fremder Zuchtpflanzen lieber einheimische Blumen, die gut für Bienen, Hummeln, Schwebfliegen oder Schmetterlinge sind.
- Vermeide nektarleere Pflanzen. Dies sind meist Zuchtpflanzen mit künstlicher Blütenfülle, z. B. Geranien, Dahlien, Petunien, Fleißige Lieschen oder Margariten. Rittersporn, Sonnenblumen, Astern und Rosen gibt es als gefüllte Zuchtform, aber auch als insektenfreundliche Varianten.
- Frage in der Gärtnerei nach heimischen Insektenpflanzen oder achte auf Kennzeichnungen im Laden.
- Kaufe insektenfreundliche Pflanzen wie Thymian, Glockenblumen, Günzel, Schnittlauch-Arten, Katzenminze, Schmuckkörbchen, Salbei, Lavendel, Gamander oder Herbstastern.

- Informiere dich über Pflanzenarten und Blütezeiten. Durch die Liste der Insektenpflanzen vom Netzwerk Blühende Landschaft unter *https://goo.gl/qvxQfU* oder auf der Website der Initiative „Deutschland summt" unter *https://goo.gl/5NujLY*
- Bepflanze deine Blumenkästen schlau und nützlich – auch für deinen Genuss. Die Bayerische Landesanstalt für Weinbau und Gartenbau gibt dazu Tipps unter *http://goo.gl/SGwtSn*
- Fürchte dich nicht vor den Insekten. Sie sind für viele Ökosysteme wichtig. Neben Bienen bestäuben auch andere Insekten unsere Pflanzen, z. B. Schwebfliegen, Falter, Hummeln und auch Ameisen, die Samen sammeln und sie verteilen.
- Verwandle deinen Garten in einen Naturgarten. Wie man das Schritt für Schritt umsetzt zeigt der NABU unter *https://goo.gl/HXIcdN*
- Kaufe torffreie Bio-Erde. Wichtig sind hier neben dem „Bio"-Label noch der Hinweis „torffrei" oder „ohne Torf" auf der Verpackung. Vom BUND gibt es einen Einkaufsführer unter *https://goo.gl/20WRwR*
- Verwende ökologischen Dünger, der aus natürlichen Rohstoffen hergestellt ist und verzichte auf chemischen Dünger.
- Wirf deine Bioabfälle aus Küche und Garten in die Biotonne, denn so können sie als Energiequelle oder Dünger weiterverwendet werden.
- Kaufe zertifiziertes Saatgut und Wildpflanzen aus kontrolliertem Anbau, bzw. aus zertifizierten

Baumschulen ("eab-zertifizierte autochthone Qualität").
- Kaufe Kräuter, Obst und Gemüse mit Bio-Siegel, denn das garantiert eine Aufzucht der Pflanze mit entsprechendem Dünger.
- Kaufe deine Pflanzen vor Ort und bei kleinen Familien-Gärtnereien statt im Discounter.
- Stelle ein Insektenhotel bzw. Insekten-Nisthilfen auf, um den gefährdeten Arten ein Zuhause zu bieten. Anleitungen zum Selbstbau findet man im Internet, z. B. beim NABU, dem Landesbund für Vogelschutz oder dem Bayerischen Rundfunk.
- Kaufe gebrauchte Blumentöpfe statt neue. Auf Flohmärkten, über Kleinanzeigen oder im Sozialkaufhaus gibt es eine große und günstige Auswahl.
- Mähe die Wiese in deinem Garten nur maximal zwei Mal im Jahr.
- Beschränke den Einsatz von Maschinen und spare Ressourcen: Statt des Laubbläsers kann auch der Rechen herhalten.
- Achte beim Kauf von Baumaterialien auf Zertifizierungen, z. B. bei Holz oder Steinen.
- Vermeide Gartenbeleuchtung. Sie hat eine schädigende Wirkung auf tagaktive Lebewesen, nämlich Pflanzen und bestäubende Insekten.
- Informiere dich über ökologische Gärten. Viele Infos gibt es auf der Website des Vereins Natur-Garten unter *https://goo.gl/JxiWv5*

Freizeit & Events

Die Natur zu mögen heißt nicht zwangsläufig, gut für sie zu sein. Auch wenn wir viel Zeit im Freien verbringen, beim Wandern unseren Müll wieder mitnehmen, uns mit Freunden zum Grillen treffen oder Kletterausflüge planen – all diese Aktivitäten verursachen Emissionen und verbrauchen Ressourcen. Direkt und indirekt. Wenn wir unsere Gewohnheiten in der Freizeit nur ein wenig umstellen, ist für den Umweltschutz bereits viel gewonnen.

Wie man nachhaltige Mobilität umsetzt

Die besten CO_2-Emissionen sind die, die gar nicht erst entstehen. Bei dieser Aussage wird wohl jeder umweltbewusste Mensch zustimmend nicken, denn das Ziel sollte zunächst immer sein, Emissionen und Ressourcenverbrauch zu vermeiden. Erst wenn das nicht möglich ist, sollte man sie reduzieren und anschließend kompensieren. Folgen wir dieser Leitlinie, dürfen wir erst einmal nicht über Elektromobilität und Elektro-Autos reden, denn sie sind in der Herstellung ressourcenintensiv, brauchen Seltene Erden für die Akkus und auch der „grüne Strom" muss extra erzeugt werden. Es gilt zunächst, bei der Vermeidung zu beginnen. Das heißt: Wir sollten unsere Fahrradkultur fördern, genauso wie die Möglichkeiten, Orte zu Fuß zu erreichen. Wir müssen unsere Mobilität im Alltag umweltbewusster gestalten. Beim Weg in die Arbeit, zum Einkaufen, in die Stadt, zum Sport, zu Freunden, bei Ausflügen und Urlauben.

55% des Personenverkehrs macht das Auto aus – und diese Nutzung steigt kontinuierlich an. Die meisten dieser Wege legen wir in der Freizeit zurück, aber auch der Weg in die Arbeit ist ein Treiber für Pkw-Fahrten: 88% aller dienstlichen Wege und 70% aller Wege zur Arbeit werden mit dem Auto oder dem Motorrad zurückgelegt. Und fast immer fahren wir alleine.

Laut dem Statistischen Bundesamt macht das Fahrrad im Personenverkehr nur 9% des Gesamtaufkommens aus. In fahrradfreundlichen Städten wie Kopenhagen beträgt es 38%. Experten schätzen, dass sich knapp ein Drittel der Pkw-Fahrten in Ballungsgebieten auf den Radverkehr verlagern ließe. Solch eine Verlagerung ist dringend notwendig, um die CO_2-Emissionen und ihre Äquivalente zu reduzieren, die Luftqualität in den Städten zu verbessern und damit auch für unsere eigene Gesundheit zu sorgen. Denn die Stickoxide in den Abgasen beeinflussen die Atemwege negativ und können Krankheiten wie Asthma auslösen. 72% dieser schädlichen Gasverbindungen stammen aus Verbrennungsmotoren, so eine Studie der IFEU. Auch die Lärmbelastung in Städten würde sich durch einen Wechsel aufs Fahrrad stark reduzieren, was sich ebenfalls positiv auf das Wohlbefinden auswirkt.

Gesundheit, Geld und Zeit als Motivation

Neben dem Umweltschutz ist die Bewegung beim Radfahren oder Spazieren ein guter Grund für diese Fortbewegungsarten: 30 Minuten moderate körperliche Aktivität täglich verringert das Risiko an Übergewicht, hohem Blutdruck und Herz-Kreislauf-Problemen zu erkranken. Außerdem ist das Rad günstiger und meist auch zeitsparender, denn häufig werden beim Auto die Zeit des Parkens und der Weg vom Parkplatz zum Ziel übersehen. Auch gibt es mit dem Rad keine Staus – die wohl führende Zeitverschwendung im Straßenverkehr. Es überrascht daher nicht, dass Untersuchungen zufolge in Großstädten das Fahrrad bei Strecken bis 5km das schnellere bzw. schnellste Transportmittel ist. Dennoch wird 40 bis 50% dieser Kurzstrecken in den Städten mit dem Auto gemacht.

Die Pkw sind beliebt und ihre Zahl wächst stetig. Über 45 Millionen Autos waren im Januar 2016 in Deutschland zugelassen. Doch auch die Eisenbahn wird als Beförderungsmittel für den Nah- und Fernverkehr immer beliebter: 67 Millionen Menschen reisten allein im ersten Halbjahr 2016 im Fernverkehr. Laut dem Statistischen Bundesamt ist das ein Rekordzuwachs. Im Nahverkehr zählte man auf den Schienen 1,3 Milliarden Fahrgäste.

Und noch ein weiteres Verkehrsmittel erfreut sich großer Beliebtheit, nämlich die Linienfernbusse. 23 Millionen Fahrgäste wurden 2015 befördert und damit 47% mehr als im Jahr davor, meldete das Statistische Bundesamt und spricht von einem „Boom" (Reichel, 2016: Online). Die Mehrheit der Fernbusreisen liege zwar innerhalb Deutschlands, allerdings sei der grenzüberschreitende Verkehr stärker gewachsen, nämlich um 81%. In Bezug auf die Umwelt sind Fernbus und Bahn definitiv die bessere Wahl.

„Die Bahn braucht ewig! Ich fliege lieber." Diese Aussage hört man immer wieder bei Reisen im Inland, dabei ist die angegebene Netto-Flugdauer irreführend. Inklusive der An- und Abreise zum Flughafen – also von

Tür zu Tür – ist die Bahn oft schneller oder nur wenig langsamer.

Wir sollten unsere Mobilität überdenken. Bei der Wahl des Verkehrsmittels und auch bei der Wahl unserer Reiseziele. Es muss nicht immer eine Fernreise sein und der Grund dafür liegt auf der Hand: Das Flugzeug ist mit 196 Gramm Treibhausgasen pro Kilometer mit Abstand am schlechtesten für die Umwelt. Nur Kreuzfahrten verursachen noch mehr Emissionen, allerdings werden diese, im Gegensatz zum Flieger, nicht in die oberen Luftschichten emittiert. Bei Fernreisen ist die Bahn wesentlich umweltschonender und verursacht lediglich 43 Gramm CO_2-Äquivalente pro Kilometer und Person. Reisebusse sind mit durchschnittlich 30 Gramm CO_2-Äquivalenten pro Kilometer und pro Person sogar noch besser aufgestellt als die Bahn. Allerdings entsteht durch Busse eine Feinstaubbelastung, die fast doppelt so hoch ist wie beim Eisenbahn-Verkehr.

Das Auto schlägt mit 139 Gramm CO_2-Äquivalenten pro Kilometer auf die Ökobilanz. Im Durchschnitt sitzen 1,5 Personen in einem Wagen, was eine schlechte Auslastung und damit schlechte Ökobilanz im Vergleich mit anderen Verkehrsmitteln bedeutet. Besser also, man entscheidet sich für den öffentlichen Nahverkehr, denn Linienbus oder Metro bzw. Straßenbahn verursachen nur 74 Gramm Treibhausgase pro Kilometer. Allein durch diese Entscheidung lassen sich 47% Treibhausgase einsparen.

Bei Elektro-Autos sind die Angaben noch sehr schwankend. Berechnet man die CO_2-Emissionen basierend auf dem deutschen Strommix, liegt zum Beispiel ein Nissan Leaf bei 86 Gramm pro Kilometer. Fährt er mit Windkraft, sind es nur vier Gramm pro Kilometer. Hier muss man sich bewusst machen, dass die Energie aus erneuerbaren Quellen aktuell nicht vorhanden ist, sondern für Elektroautos neu ausgebaut werden muss, wenn man den Strommix (abzüglich der Elektroautos) nicht verschlechtern will.

Was kannst du tun?

- Steige auf Fahrrad, Füße oder öffentliche Verkehrsmittel um und verzichte aufs Autofahren, besonders bei Strecken in der Stadt. Durch Navigationsapps für Radfahrer oder GPS-Tracking können die Wege effizient und mit spielerischem Anreiz versehen werden.
- Nutze Angebote für Stadtfahrräder, die mittlerweile in vielen Städten sehr günstig angeboten werden. An den Stationen lassen sich die Räder problemlos abholen und zurückgeben.
- Bilde Fahrgemeinschaften, privat oder über Mitfahr-Services.
- Nutze Car-Sharing-Angebote. So kann es ggf. auch ein Auto weniger in der Familie geben – oder gar keines mehr.
- Entscheide dich bei Reisen für nähere Ziele. Die Deutsche Bahn halt ein Angebot namens „Fahrziel Natur", das unter *https://goo.gl/tCWPI8* 22 Naturjuwelen in Deutschland, Österreich und der Schweiz vorstellt. Sie sind alle mit der Bahn erreichbar.
- Suche nach spannenden Ausflugszielen in der Umgebung von 50 bis 100km um deinen Wohnort. Es lohnt sich auch als Einheimischer,

die Touristeninformation zu besuchen oder sich zu fragen: Welche Attraktionen würde ich einem Freund empfehlen, der zum ersten Mal zu Besuch kommt? Als Ortsansässiger kennt man oft diese Orte, besucht sie aber selbst nicht.
- Schau dir die Liste der UNESCO Welterbestätten an. Allein in Deutschland gibt es 40 ausgezeichnete Stätten, z. B. den Aachener Dom, die Altstadt von Bamberg, die Wartburg in Eisenach, die Siedlungen der Moderne in Berlin und das Gartenreich Dessau-Wörlitz. Sehenswert sind auch die prähistorischen Pfahlbauten um die Alpen, die alten Buchenwälder des Müritz-Nationalparks oder der Limes – immerhin das zweitlängste Bodendenkmal der Welt nach der Chinesischen Mauer.
- Kompensiere die Emissionen von (Flug)Reisen, für eine CO2-neutrale oder CO2-positive Bilanz. Seriöse große Anbieter sind atmosfair (gemeinnützige GmbH), myclimate (gemeinnützige Stiftung) und Arktik. Auch kleinere Aufforstungsprojekte kann man gut unterstützen. Aber: Kompensation ist nicht der Freischein für unbegrenzten Konsum.
- Folge der Grundregel, immer erst zu vermeiden und dann zu reduzieren und zu kompensieren.

Volkssport Grillen: Eine Ökobilanz

Fleisch, Salate, Brot und Bier: Sommer und Grillen gehören für uns Deutsche in jedem Fall zusammen und es ist eine Freizeitbeschäftigung, die gern und oft gepflegt wird. Wie aber sieht es beim Grillen mit der Ökobilanz aus? Und wo kann man nachhaltiger Handeln? Der erste Ansatzpunkt ist der Grill selbst und wie bei anderen Produkten gilt auch hier: Mehrweg ist besser als Einweg. Die Wegwerfgrills, die man im Supermarkt, an der Tankstelle oder im Baumarkt kaufen kann, bestehen aus Aluminium. Das belastet die Umwelt bereits beim Abbau des Erzes durch Flächenverbrauch und giftigen Abraum, außerdem benötigt die Herstellung des Leichtmetalls sehr viel Energie. Das bedeutet einen hohen Ressourcenverbrauch für ein Produkt, das nach einmaligem Gebrauch in den Restmüll wandert, ganz so, wie es die Abfallbetriebe empfehlen. Das Aluminium geht dabei für das Recycling verloren. Hinzu kommt, dass beim Grillen der Rasen durch die geringe Bodenhöhe gleich mit verkohlt. Die Stadt Hamburg hat die Einweggrills deshalb in den Parks verboten.

Einweggrills gibt es mittlerweile aber auch schon in ökologischen Varianten, mit kompostierbaren Schalen oder Grills aus Holz, die nach dem Essen als kleines Lagerfeuer verbrannt werden können. Für Viel-Griller ist der Mehrweggrill aber sicher die bessere Lösung.

Holzkohlegrill, Gas- oder Elektrogrill?

Antworten hat der TÜV Rheinland. Nach seiner Untersuchung schneiden pro Grillabend der Einweggrill und der Holzkohlegrill am Schlechtesten ab, Elektro- und Gasgrills dagegen sind deutlich besser. Beim Elektrogrill kann man die Ökobilanz außerdem zusätzlich verbessern, wenn man ihn mit Ökostrom betreibt. Gasgrills dagegen werden mit Butan oder Propan betrieben, also nicht-regenerativen Energien.

Sicherlich ist die Gerätewahl auch eine Frage des Geschmacks, denn darum geht es ja beim Grillen. In Sachen Nachhaltigkeit spielt die Wahl des Grills eigentlich keine große Rolle – auch dann nicht, wenn man den kompletten Lebenszyklus mit einrechnet, von der Herstellung und dem Transport bis zum Recycling. Viel entscheidender ist nämlich das Grillgut. Hier hat man den größten Hebel für nachhaltiges Handeln. Aber mehr dazu später.

Interessant ist bei der Rechnung, dass sich die Holzkohle positiv auf die Emissions-Bilanz des Grillabends auswirkt. Denn der Baum nimmt im Laufe seines Lebens mehr CO_2 auf, als bei Herstellung und Verpackung der Kohle emittiert wird. Selbst wenn man den Transport noch addiert, bleibt der Wert positiv. Trotzdem ist auch hier das Thema komplexer und sollte nicht allein auf CO_2 reduziert werden.

Wie nachhaltig ist Holzkohle?

Schätzungen zufolge importiert Deutschland etwa 98% seiner Holzkohle, und das sind rund 243.000 Tonnen. Der größte Teil kommt aus Polen (24%), Paraguay (18%) und Litauen (13%). Gerade die Kohle aus Schwellen- und Entwicklungsländern ist problematisch: Sie ist ein Nebenprodukt, das bei der Wald-Rodung für Plantagen und Viehzucht entsteht und stammt oft aus illegal geschlagenen Tropenwäldern. In Deutschland wird die Kohle um- bzw. abgefüllt, gesiebt und mit heimischen Restabfällen vermischt – ein Vorgehen, das für das Label „Made in Germany" ausreichend ist. So wird dem Kunden ein regionales Produkt suggeriert, das keines ist. Will man Kohle aus „echten heimischen Hölzern" kaufen, muss man also ordentlich recherchieren.

Ein Indikator ist das FSC-Siegel, das für Rohstoffe aus ökologisch verträglicher Waldwirtschaft steht. Im Zweifel sollte man deshalb lieber auf die FSC-Variante ausweichen, selbst wenn diese Kohle einen längeren Transportweg hatte. Natürlich gibt es auch Alternativen zur Holzkohle, zum Beispiel:

1. **Kohle aus Kokosnussschalen:** Sie ist ein reines Abfallprodukt, für das kein Baum gerodet werden muss. Die Kohle hat einen dreimal höheren Brennwert als Holzkohle, eine geringere Rauchentwicklung und verbrennt mit lediglich 2% Restasche.
2. **Bambuskohle:** Bambus wächst extrem schnell, verholzt bereits nach drei Jahren und ist damit ein rasch nachwachsender Rohstoff. Die Pflanze wird nicht gerodet, sondern geschnitten und verursacht keine Bodenerosion. Die Kohle ist in Asien ein gängiger Brennstoff, der CO_2-neutral und schwefelfrei verbrennt. Außerdem hat Bambuskohle die doppelte bis dreifache Brenndauer von Holzkohle.
3. **Briketts aus Olivenkernen:** Diese Kohle entsteht aus Abfällen der Olivenöl-Pressung. Kerne, Schalen und Fruchtfleisch werden zum nachhaltigen Brennstoff, der Müll vermeidet,

weniger Rauch und Funkenflug entwickelt und länger brennt als Holzkohle.

In vielen Bereichen rund um den Grill gibt es nachhaltige Alternativen. Statt chemischer Grillanzünder kann man auf gewöhnliche Kaminanzünder ausweichen, die aus nachwachsenden Rohstoffen bestehen. Statt Einweggeschirr aus Pappe oder Plastik kann man Mehrweggeschirr verwenden und Grillspieße aus Holz gibt es auch mit FSC-Siegel. Als Alternative zu Holzspießen kann man Spieße aus Metall nutzen, denn sie sind mehrfach verwendbar. Allerdings ist die Herstellung von Edelstahl sehr energie- und materialintensiv und diesen Ressourcenverbrauch wird man wohl nur dann wieder „hereinholen", wenn man die Spieße auch oft benutzt.

Ein Brennpunkt beim Zubehör ist die Alufolie. Wie vorhin bereits angesprochen, verbraucht Aluminium sehr viel Energie bei der Herstellung. Es lässt sich zwar gut recyceln, ist aber oft sehr stark verschmutzt und wandert deshalb in den Restmüll. In den USA und England gibt es Alufolie aus recyceltem Alu zu kaufen, in Deutschland aber nicht. Alternativen zu Alu gibt es trotzdem, zum Beispiel Gusspfannen oder Speckstein-Platten zum Gemüsebraten, die man abspülen und mehrfach verwenden kann.

Grillgut: Hier liegt der größte Unterschied

Den größten Umwelt-Einfluss hat das, was auf dem Rost liegt. 95% der klimarelevanten Emissionen, die während eines Grillabends entstehen, werden durch das Grillgut verursacht. Das folgende Rechenbeispiel am Holzkohlegrill soll das verdeutlichen: Bei einem BBQ für acht Personen mit je 400 Gramm Rindfleisch, Schwein, Hähnchen, Würstchen, Feta und Mais entstehen 18 Kilogramm CO2-Äquivalente. Das entspricht einer Autofahrt von rund 120 Kilometern in einem Mittelklassewagen.

Dabei wirken sich Rindfleisch und Grillkäse aus Kuhmilch am Stärksten auf die Bilanz aus, denn die Methanausgasungen, welche die Rinder während ihres Wachstums ausstoßen, bedeuten eine erhebliche Mehrbelastung. 200 Gramm Rindfleisch verursachen 2,9kg CO2-Äquivalente und 200 Gramm Grillkäse 1,9kg CO2-Äquivalente. Bei Fleisch aus Südamerika fällt zusätzlich der Transportweg mit dem Flugzeug ins Gewicht.

Diese Werte, die der TÜV Rheinland ermittelt hat, zeigen deutlich, wie man die eigene Ökobilanz verbessern kann: Durch einen regionalen Warenkorb und die bewusste Wahl des Grillguts. In den Versuchen konnten damit 18% CO2-Äquivalente an einem Grillabend eingespart werden.

Was kannst du tun?

- Kaufe keine Einweggrills aus Aluminium mehr.
- Verzichte doch einfach ganz auf einen eigenen Grill! Das mag komisch klingen, aber im Freundeskreis gibt es eigentlich immer einen Grill, den man sich ausleihen kann. Und selten grillt man nur für sich.
- Achte beim Kauf von Holzkohle auf das FSC-Siegel, es gewährleistet nachhaltige Forstwirtschaft. Alternativ zur Holzkohle kannst du den Grill auch mit Kohle aus Kokosnussschalen,

Bambuskohle oder Briketts aus Olivenkernen befeuern. Die gibt es allerdings meist nur im Internet zu kaufen.
- Lass die Finger von Altholz, Nadelbaumzweige und Papier. Sie setzen krebserregende Stoffe frei und gehören nicht in die Grillschale!
- Vergiss chemische Grillanzünder und verwende normale Kaminanzünder aus nachwachsenden Rohstoffen, z. B. in Wachs getränkte Holzfasern. In vielen Super- und Baumärkten gibt es bereits ökologische Grillanzünder, ebenfalls mit FSC-Siegel. Außerdem gibt es Flüssig-Grillanzünder auf Pflanzenbasis, die aus nachwachsenden Rohstoffen hergestellt und biologisch abbaubar sind.
- Entscheide dich für klimafreundliches Grillgut: Reduziere Rind, Grillkäse und Schwein und grille stattdessen Hähnchen, Würste und Gemüse.
- Kaufe regionale Produkte.
- Nutze normales Mehrweggeschirr statt Besteck, Teller und Becher aus Plastik.
- Mache Salatsoßen und Dips selbst und transportiere sie in leeren Einmachgläsern mit Deckel.
- Verwende alte Gurkengläser mit Schraubdeckel als praktische Getränkegläser, die auch auf der Wiese „umkipp-sicher" sind.
- Kaufe Grillspieße aus Holz mit FSC-Siegel oder Metallspieße, wenn du sie häufig benutzt.
- Wasche Alu-Grillschalen aus und verwende sie mehrfach.
- Vermeide Alufolie und Alu-Grillschalen. Alternativen fürs Dünsten und Braten auf dem Rost sind Gusspfannen, Auflaufformen für Glut und Rost, Tapas-Schalen aus hitzebeständigem

Rost, Tapas-Schalen aus hitzebeständigem Porzellan, Edelstahlschalen oder dünne Steinplatten aus Schiefer oder Speckstein für Gemüse.
- Wirf deine Essensreste in die Biotonne.
- Entsorge kalte Grillasche im Restmüll oder verwende sie als Zuschlag auf dem Kompost. In Maßen kann man die Grillasche auch als Direktdünger auf Beete streuen.

Von Green Weddings bis Klima-Weihnacht

Hochzeiten, Weihnachtsfeiern, Konferenzen, Silvester oder Sport-Events: Man muss die Feste bekanntlich feiern, wie sie fallen. Bei der Planung und Durchführung hat man allerdings die Möglichkeit, sie umweltfreundlicher und sozialverträglicher zu gestalten. Beim Spaziergang am Neujahrstag oder nach einem großen Stadtmarathon ist der Müll auf den Straßen nicht zu übersehen. Und er ist nur ein kleiner Teil des Ganzen.

Ein Feuerwerk mit Folgen

Zwei Drittel unserer Silvesterknaller stammen aus der chinesischen Provinz Hunan, wo die Arbeitsbedingungen schlecht und die Löhne sehr niedrig sind, auch für chinesische Verhältnisse. Um das Städtchen Liuyang sind die Ackerflächen mit Cadmium verseucht. Es gelangt über Reis und Gemüse in die Nahrungskette und kostete in den letzten sieben Jahren 21 Menschen das Leben. In Südindien, dem zweitgrößten Hersteller von Feuerwerk, sind laut dem österreichischen Hilfswerk „Jugend eine Welt" rund 70.000 Kinder an der Produktion beteiligt. Sie sind zwischen zehn und zwölf Jahre alt und arbeiten mehr als 13 Stunden am Tag mit riskanten und gefährlichen Substanzen.

Wenn bei uns in der Silvesternacht die Böller und Raketen gezündet werden, setzt das 4.000 Tonnen Feinstaub frei. Das entspricht rund 15% der Menge, die jährlich im Straßenverkehr emittiert wird. Und die Belastungen an Silvester setzen sich fort: Auch Bleigießen ist umwelt- und gesundheitsschädlich, denn beim Schmelzen der kleinen Figuren entstehen Dämpfe, die eingeatmet werden. Darüber hinaus gelangt das Blei durchs Anfassen an die Hände und damit auch leicht in den Mund, gerade bei Kindern. Das Umweltbundesamt rät deshalb vom Bleigießen ab.

Wer jetzt meint, Umweltschutz sei ein Spaßverderber, der irrt sich. Vielmehr ist er ein Trendsetter. Professionelle Anbieter haben das erkannt und bieten sogenannte Grüne Events an, meist für Business-Veranstaltungen. Es ist ein Konzept, das man sich auch als privater Veranstalter zum Vorbild nehmen und von dem man sich neue Wege abschauen kann.

Leitlinien für umweltverträgliche Partys

Grüne Events werden möglichst umweltfreundlich gestaltet, mit einem geringen oder sogar positiven ökologischen Fußabdruck. In allen Bereichen wird darauf geachtet, möglichst wenig Ressourcen zu verbrauchen: Bei den Einladungen, dem Ort der Festivität, der Möglichkeit zur Anreise, der Dekoration, dem Essen, dem Unterhaltungsprogramm, den beteiligten Dienstleistern (Caterer, Fotografen etc.), bei der Müll-Entsorgung und der Essensreste-Verwertung. Verzicht, Reduktion und nachhaltige Alternativen stehen im Fokus.

Umsetzen lässt sich dieses Konzept für fast alle Feiern, auch für Hochzeiten: Die „Green Wedding" bietet zum Beispiel regionale und saisonale Lebensmittel beim Buffet an, verzichtet auf Fleisch als Hauptgericht, lädt die Gäste in eine Location mit guter Zug-Anbindung oder kurzem Anreiseweg und die Eheringe des Paares bestehen aus fair gehandelten Rohstoffen.

Was kannst du tun?

- Berücksichtige die Nachhaltigkeit schon bei der Planung deiner Veranstaltung. So kannst du nicht nur für einzelne Bereiche „grünere" Lösungen im Vorfeld recherchieren, sondern auch manch unnötigen Fahrweg sparen.
- Wähle einen Veranstaltungsort, der gut mit öffentlichen Verkehrsmitteln oder zu Fuß erreichbar ist.
- Überlege dir Fahrgemeinschaften und schlage sie deinen Gästen konkret vor – auch dann, wenn sich die Personen vielleicht nicht kennen.
- Recherchiere Übernachtungsmöglichkeiten, die vom Veranstaltungsort in wenigen Gehminuten erreichbar sind. So können lange Fahrzeiten reduziert werden.
- Entscheide dich für lokale Dienstleister, bei DJ, Frisör, Caterer, Musiker oder Stylist.
- Verwende Einladungskarten aus zertifiziertem Papier oder Recyclingpapier und lasse sie umweltfreundlich drucken und klimaneutral verschicken.
- Versende nur digitale Einladungen und spare dir das Papier.
- Erzähle deinen Gästen, dass du eine umwelt- und sozialverträgliche Feier planst und bitte sie, bei Anreise, Geschenken und Abreise darauf Rücksicht zu nehmen. Solch einen Hinweis kannst du schon in die Einladung schreiben.
- Schaffe Anreize für nachhaltiges Handeln, z. B. indem du der Einladung Streifenkarten für die öffentlichen Verkehrsmittel beilegst oder allen,

die mit dem Fahrrad kommen, ein kleines Überraschungspräsent versprichst.
- Suche ein Catering aus, das nachhaltigen Voraussetzungen entspricht, z. B. durch ein regionales und saisonales Menü, mit fair gehandeltem Bio-Kaffee, lokalen Getränken und einer sinnvollen Verwertung für übriggebliebenes Essen.
- Greife fürs Essen auf regionale und saisonale Lebensmittel zurück: lokales Gemüse, Gänsebraten vom Bio-Bauern aus dem Nachbardorf oder Fisch aus nachhaltigem Fang.
- Verzichte bei der Hauptspeise ganz auf Fleisch.
- Entscheide dich für Leitungswasser statt Flaschenwasser mit weiten Transportwegen. Für Gäste, die kein stilles Wasser wollen, lässt sich sicher ein Sprudler organisieren.
- Kaufe Süßigkeiten ohne Palmöl.
- Verzichte auf Strohhalme aus Plastik. Es gibt hier auch natürliche Alternativen, tatsächlich aus Stroh.
- Entscheide dich für Wein, Sekt und Weinbrände aus der Region.
- Sorge dafür, dass Essensreste eingefroren bzw. mitgenommen werden können, sodass nichts weggeworfen werden muss. Auch über die Tafeln oder foodsharing-Plattformen können überschüssige Lebensmittel abgegeben werden.
- Informiere dich im Vorfeld, woher du ökologische Dekoration bekommst.
- Verzichte auf Einwegdeko, die nach der Veranstaltung weggeworfen wird.

- Verwende Dekoration aus Naturmaterialien oder recycelten Produkten für Raum und Tische, z. B. Namensschilder aus gesammelten Steinen oder Holz und Tischdeko aus Nüssen, Kastanien oder Zweigen.
- Schmücke die Tische mit Blumengestecken aus saisonalen Wiesenblumen. Beim Selbst-Pflücken solltest du darauf achten, dass du keine geschützten Blumen pflückst.
- Verwende Tischwäsche aus Bio-Baumwolle oder Bio-Leinen.
- Vermeide Einweggeschirr oder entscheide dich, wenn es sein muss, für ökologische Varianten wie Wegwerfgeschirr aus Palmblättern.
- Verzichte auf Papierservietten und verwende Stoffservietten, z. B. aus Bio-Leinen.
- Kaufe für die Toilette umweltfreundliche Seife und Hygieneartikel ohne Mikroplastik und Palmöl.
- Beleuchte sparsamer bzw. nachhaltiger, z. B. mit energiesparenden LED-Lichterketten.
- Trage nachhaltige Kleidung für den Anlass: Secondhand, Made in Germany, biologisch bzw. Fairtrade.
- Verzichte auf Feuerwerk.
- Ersetze normales Konfetti durch Öko-Konfetti aus Reispapier, denn das ist 100% abbaubar.
- Kaufe Luftballons aus Naturlatex von FSC-Siegel-Plantagen.
- Kommuniziere deine Geschenk-Wünsche deutlich, z. B. auch bereits mit dem Blick auf Nachhaltigkeit (mehr dazu im folgenden Unterkapi-

tel). Wenn du selbst keine Geschenke möchtest, kannst du auch um Spenden für den guten Zweck bitten.
- Sorge dafür, dass die Event-Dekoration nicht weggeworfen, sondern wiederverwendet bzw. weiter verwendet wird, z. B. durch Upcycling.
- Überlege dir im Vorfeld, ob du die Emissionen kompensieren möchtest, und wenn ja, durch welches Projekt.
- Stelle deinen Gästen Leihfahrräder zur Verfügung.
- Organisiere CO_2-reduzierte Fahrmöglichkeiten durch Anbindung an den Nachtbus oder Umwelt-Taxis, die mit Erdgas oder Strom fahren.
- Kompensiere zusätzliche Emissionen nach dem Event, z. B. über Aufforstungs- und Naturprojekte oder Zertifikate.
- Sorge für ordentliche Mülltrennung und markiere aufgestellte Mülleimer entsprechend.
- Inspiriere und unterstütze andere Menschen dabei, grüne Events durchzuführen, auch im beruflichen Alltag oder in Vereinen.

Richtig schenken: Ein Leitfaden

Rund 87 Millionen Euro geben die Deutschen jährlich allein für Weihnachtsgeschenke aus, das sind 274€ pro Person. Hinzu kommen Geschenke für Hochzeiten, Geburtstage, Taufen oder zu Ostern. Auch wenn wir bei Freunden um Abendessen eingeladen sind, bringen wir in der Regel etwas mit. Warum eigentlich?

Schenken ist Beziehungspflege und -aufbau. Es ist zwischenmenschliche Kommunikation, denn das Geschenk ist eine Botschaft und gilt damit mehr (oder weniger) als „nur" der Kaufpreis. Schenken zeigt Verbundenheit und Wertschätzung. Zudem ist das Beschenken und Annehmen durchaus auch eine soziale Verpflichtung, sagen die Soziologen. Dabei können die Beweggründe fürs Schenken ganz unterschiedlich sein.

Wir schenken zum Beispiel aus Höflichkeit, denn es gehört sich, bei einer Einladung etwas mitzubringen oder bei einem Geburtstag ein Geschenk parat zu haben. Ohne Geschenk fühlt man sich komisch, teils zu Recht, teils zu Unrecht. Manch einer schenkt vielleicht aus einem Anspruch heraus. Problematisch wird es dann, wenn unterschiedliche Ansprüche aufeinander treffen, wenn beispielsweise ein Mensch, dem Geschenke nicht so wichtig sind, jemanden beschenkt, der gerne Präsente bekommt. Ein weiterer Grund für das Mitbringen von Gaben kann ein Gegengeschenk sein, mit dem wir uns revanchieren wollen. Oder aber wir handeln aus purer Freude am Schenken.

Jedes Geschenk, das wir machen, ist ein Signal der Wertschätzung. Dieses kann positiv sein, wenn wir etwas Persönliches mitbringen oder den Geschmack und das Bedürfnis des Anderen treffen. Oder es kann negativ sein, wenn wir es uns zu leicht gemacht haben oder die Wünsche des Beschenkten verfehlen. Dabei gilt die Wertschätzung des Schenkens für beide Seiten. Denn wenn wir etwas geben, erwarten wir strahlende Augen und ein echtes, ernst gemeintes Dankeschön. Schenken kann damit auch zum Zwangsritual werden und unter vermeintlicher Höflichkeit entsteht ein Druck. Wir fühlen uns gezwungen, die Wünsche des Anderen erraten und erfüllen zu müssen.

Gleichzeitig setzen wir Erwartungen an uns selbst und die Vorstellung eines besonderen Geschenks. Schließlich wollen wir dem beschenkten Freund oder Partner unsere Wertschätzung zeigen, denn dieser Mensch ist uns wichtig. Es geht darum, sich in den Beschenkten hinein zu versetzen und zu wissen, ob Geschenke ihm wichtig sind, welche Art und was ihm gefallen könnte.

Manchmal muss man sich Zeit nehmen. Und manchmal ist es besser, nichts mitzubringen, auch wenn uns das schwerfällt. Das Gefühl, mit leeren Händen dazustehen, ist nicht angenehm, selbst wenn der Beschenkte gar nichts erwartet. Oft ist es aber dieser eigene Anspruch, der dem Nicht-Schenken im Weg steht. Darüber hinaus bedeutet die Kaufentscheidung für ein Produkt oder eine Dienstleistung gleichzeitig eine Auswirkung auf Mensch und Umwelt.

Checkliste für Geschenke

Die Nachhaltigkeit eines Geschenks lässt sich relativ einfach mit Hilfe einer Checkliste bestimmen, ganz unabhängig davon, ob es sich um ein Sachgeschenk oder

ein Eventgeschenk handelt (vgl. Steinhoff, o. J.: Online). Abgedeckt werden dabei drei große Aspekte.
1. **Ökologie:** Hier gilt es, Fragen zu beantworten nach dem positiven Effekt, den das Geschenk auf den Erhalt der Umwelt hat, nach dem Rohstoffverbrauch und nach seiner gesamten ökologischen Verantwortung. Zum Beispiel:
    o Schont das Geschenk die natürlichen Ressourcen?
    o Verzichtet das Geschenk auf bedenkliche Materialien und Einwegmaterialien?
    o Sind die Transportwege gerechtfertigt?
    o Kann man das Geschenk später gut recyceln oder reparieren?
2. **Soziales:** Thematisiert wird hier, inwieweit das Geschenk zur Integration, zur Gerechtigkeit und zum zwischenmenschlichen Austausch beiträgt, durch Fragen wie:
    o Hilft es, Ungleichheit zu verringern?
    o Leistet es einen Beitrag gegen Armut und Benachteiligung durch fairen Handel?
    o Regt es dazu an, sich weiter mit Nachhaltigkeit auseinanderzusetzen?
    o Trägt das Geschenk seriöse Labels?
3. **Ökonomie:** Dabei geht es um Fragen zur Wertschöpfungskette, der regionalen und globalen Verantwortung und der langfristigen Perspektive. Einige Fragen sind hier:
    o Stimmen Produktpreis und das Verhältnis zum geschätzten Material- und Arbeitsaufwand?

- o Erhält oder schafft das Geschenk Arbeitsplätze, von deren Lohn man leben kann?
- o Unterstützt das Geschenk kleine Hersteller oder Geschäfte vor Ort?
- o Trägt es dazu bei, die Möglichkeiten künftiger Generationen zu erhalten?

Je mehr Fragen dieser Checkliste mit einem „Ja" beantwortet werden, desto nachhaltiger ist das Geschenk.

Was kannst du tun?

- Orientiere dich an der Checkliste für nachhaltige Geschenke. Die komplette Liste gibt es zum kostenlosen Download im eBook „nachhaltig schenken" unter *https://goo.gl/FYnZrm*
- Nimm dir vor dem Kauf Zeit, die ökologische und soziale Nachhaltigkeit des Geschenks zu überdenken. Du wirst vielleicht nicht alle Fragen der Checkliste beantworten können, aber ein Gefühl bzw. eine Schätzung wird sich einstellen – erst recht mit all den Informationen, die du in diesem Handbuch findest.
- Frage nach, was sich der andere wünscht. Das verhindert Enttäuschungen, Umtausch oder – im schlimmsten Fall – Müll.
- Suche nach nachhaltigen Alternativen, denn die gibt es in fast allen Bereichen: von veganer Mode, naturkosmetischen Parfums, ökologischem Spielzeug bis zum fairen Smartphone oder Schmuck mit Fairtrade-Zertifikat.
- Kaufe auch bei klassischen Mitbringseln wie Schokolade oder Wein die ökologische Variante.

- Sei mutig und weiche auf andere Mitbringsel aus, wie einen leckeren vegetarischen Brotaufstrich statt der üblichen Flasche Wein.
- Verschenke statt Schnittblumen lieber eine Pflanze im Topf, denn sie hält länger. Entscheidet man sich für Obst und Gemüse, kann sich der Beschenkte den ganzen Sommer über schönen Ertrag freuen.
- Achte beim Kauf von Schnittblumen darauf, dass sie nicht aus Afrika oder Südamerika stammen, d. h. keine Luftfracht sind. Wichtige Siegel für Schnittblumen sind: fair flowers fair plants und Fairtrade.
- Kaufe Gebrauchtes statt Neues: In Secondhandläden oder auch auf Trödelmärkten findet man immer wieder kleine Schätze, die sich ideal als Geschenke eignen und die Lebensdauer eines Produktes verlängern.
- Kaufe vor Ort ein statt im Internet. Das spart Emissionen, Verpackungsmaterial für den Versand und unterstützt außerdem die regionalen Einzelhändler.
- Verzichte auf Billigprodukte. Kaufe lieber weniger, dafür aber qualitativ hochwertigere Dinge (z. B. bei Spielzeug).
- Achte bei Spielsachen aus Holz auf das FSC- oder PEFC-Label.
- Frage bei Schmuck nach der Herkunft der Rohstoffe und ob ein Zertifikat dafür vorliegt. Gütesiegel sind „Fairtrade" oder „Fairtrade and Fairmined Gold".

- Entscheide dich für Upcycling-Geschenke. Das sind neue Produkte, die aus Abfall hergestellt wurden, wie z. B. Armreifen aus ausgedienten Gabeln, Ohrringe aus alten Lego-Steinen oder Taschen aus Reissäcken. Hier sollte man genau hinsehen, ob das Produkt auch wirklich den Lebenszyklus verlängert oder doch nur „scheinbar recycelt" ist.
- Vermeide Spielzeug mit Batterien.
- Schenke Nützliches und keine Einmal- oder Wegwerfdinge.
- Bringe dich selbst ins Geschenk ein, z. B. indem du eine Buchlesung im Wohnzimmer gibst, das Fahrrad reparierst oder beim Ausmisten hilfst.
- Schenke gemeinsame Zeit und Aufmerksamkeit, denn diese sind viel bedeutender als materielle Dinge. Hier kannst du ganz einfach „Dich-selbst-schenken", z. B. mit einem Abendessen, einer Fahrrad-Tour oder einem Spaziergang auf dem Naturerlebnispfad.
- Verschenke einen Baum oder ein Stück Regenwald. Es gibt verschiedene Organisationen, die diese Geschenke anbieten, z. B. das Bergwaldprojekt, das Aufforstung gegen den Klimawandel betreibt. So unterstützt man gleichzeitig die Arbeit solcher Organisationen.
- Lade Freunde zu deinem Lieblingsplatz in der Natur ein.
- Schenke Hilfe zur Selbsthilfe: Über Oxfam-Projekte kann man Bedürftigen eine Ziege, einen Fußball, einen Esel oder Nutzpflanzen schenken. Die Spende sorgt bei Familien in der Dritten

Welt für Nahrung. Ähnlich ist das Konzept des Spenden-Adventskalenders von 24GuteTaten. Hier öffnet der beschenkte Freund täglich ein Fenster und kann lesen, wie ein Hilfsprojekt unterstützt wird. Durch einen gepflanzten Baum für Koalas in Australien, eine Schulmahlzeit für ein Kind in Uganda oder zehn Quadratmeter Blühwiese, die in Süddeutschland angepflanzt werden.

- Schenke Spenden oder Patenschaften, von Umwelt- oder Hilfsorganisationen wie Greenpeace, Amnesty International oder Ärzte ohne Grenzen.
- Bringe ein Bienenhotel für den Garten oder den Balkon mit. Anleitungen zum Selbstbasteln gibt es im Internet beim NABU oder dem Landesbund für Vogelschutz.
- Spendiere eine Gemüsekiste, z. B. als Abo von einheimischen Bauern.
- Verschenke Wissen oder Spaß, z. B. durch VHS-Kurse, ein Abo im Fitness-Club oder eine Instrumenten-Schnupperstunde.
- Schenke Selbstgebasteltes. Das ist heute eher selten geworden und hat damit einen besonderen Wert – oder sorgt für einen Lacher.
- Wirf die eigenen Prinzipien nicht über Bord. Wer nichts aus Plastik verschenken will oder nichts was Strom braucht, sollte dies auch nicht tun.
- Achte auch bei der Verpackung auf Nachhaltigkeit:
  - Verwende Geschenkpapier aus Recyclingpapier.

- Reduziere den Papierverbrauch beim Geschenkpapier und greife auf alte Zeitungen, Prospekte oder Plakate zurück. Diese können mit getrockneten Herbstblättern und Zweigen aus dem Garten verschönert werden. Im Internet gibt es außerdem zahlreiche Falt-Anleitungen für Geschenk-Schachteln.
- Entscheide dich für mehrfach verwendbare Geschenkverpackungen.
- Geschenkbänder kannst du auch aus Stoffresten selbst basteln.

Allein Taten sind gefragt

Nachhaltigkeit betrifft uns alle und jeder ist Teil des Problems. Aber nur dann, wenn wir verantwortungsbewusster handeln, sind wir auch Teil der Lösung. Aus den Medien kennen wir die Probleme unseres Planeten und dieses Bewusstsein ist sehr wichtig. Trotzdem sind jetzt Taten gefragt. Die Zeit der Worte und guten Ratschläge ist vorüber. Wir können viel verändern und es führen viele Wege zum Ziel. Wir sollten deshalb keine Zeit vergeuden und andere kritisieren, die Gutes tun oder es tun wollen. Natürlich geht immer noch mehr. Sicher hat jede Entscheidung wieder andere ökologische und soziale Auswirkungen. Trotzdem ist jedes Bisschen, das getan wird, bereits mehr als das Nichts-Tun. Hier zu kritisieren, demotiviert andere, denn sie wollen nichts falsch machen oder glauben, die optimale Lösung nicht finden zu können. Doch nichts zu tun ist überhaupt keine Lösung. Eine Veränderung unseres Verhaltens hin zu einer nachhaltigeren Welt ist längst überfällig. Jedes Streben in diese Richtung sollte gefördert werden.

Es muss uns klar sein: Eine perfekte nachhaltige Lebensweise ist durch die Komplexität des Themas kaum zu erreichen. Vermutlich ist sie überhaupt nicht zu erreichen, wenn man noch Teil der Gesellschaft sein und am täglichen Leben teilhaben möchte. Doch von einem „Ganz-oder-Gar-nicht"-Denken müssen wir uns lösen. Auch kleine Schritte führen zum Ziel. Das mag Kraft kosten, aber es lohnt sich dennoch. Und der erste Schritt besteht darin, die eigenen Gewohnheiten zu ändern.

Über die Lüge, Gewohnheiten zu verändern

Wir alle kennen die guten Vorsätze, unsere Gewohnheiten zum Besseren zu verändern. Zum Beispiel an Silvester, nach einer packenden Reportage, einem überzeugenden Artikel oder weil Freunde es besser vorleben. Solche Ereignisse heben unsere guten Vorsätze mental aus der Taufe, nach dem Motto: „Stimmt, das müsste ich mal machen" oder „Ja, da muss ich wieder mehr drauf achten".

Häufig scheitern die guten Vorsätze schon nach kurzer Zeit. Besser gesagt: Sie laufen unbewusst aus. Eine Forsa-Studie im Jahr 2015 ergab, dass bei 51% der Teilnehmer die guten Vorsätze bereits nach drei Monaten scheiterten. Sie blieben gute Absichten, die nicht umgesetzt wurden. Dies trifft natürlich auch auf die Vorsätze zum nachhaltigeren und bewussteren Lebensstil zu. Der Grund des Scheiterns sind aber nicht etwa unrealistische Ziele. Diese Begründung lügen wir uns im Anschluss durch unser schlechtes Gewissen nur vor.

Ein wesentlicher Grund für gebrochene Vorsätze ist, dass nach der Absichtserklärung der künftige Nutzen der Veränderung nicht mehr größer ist, sondern kleiner. Das heißt, wir nehmen uns zum Beispiel heute vor, bald keine Süßigkeiten mehr zu essen und dieser Entschluss kommt uns sinnvoll vor. Ist aber der Zeitpunkt gekommen, an dem wir tatsächlich beginnen sollen, erscheint uns die Entbehrung als extremer Nachteil. Wissenschaftler nennen dieses Phänomen „Zeitinkonsistenz". Es ist eine Hürde, die wir überwinden müssen, wenn wir uns wirklich ändern wollen.

Die sechs Erfolgsfaktoren für Veränderung

Es gibt sechs relevante Problemfelder beim Ändern von Angewohnheiten, von denen jedes mit Erfolgsfaktoren verknüpft ist. Eben diese Faktoren erlauben es, die guten Vorsätze tatsächlich einzuhalten und die Gewohnheiten dauerhaft zu verändern.

1. **Das Nicht-Können:** Dieser Gedanke ist ein häufiger Grund, eine gute Idee überhaupt nicht zur guten Absicht werden zu lassen. Hier bricht der Vorsatz gleich zu Beginn damit, dass man sich selbst einredet, man könne es nicht. Aber wer sagt „Ich könnte das nicht" meint meist „Ich will das (noch) nicht wirklich". Die große Frage ist: Was muss passieren, damit ich eine bestimmte Lebensweise wirklich ändern will?

2. **Die perfekte Vision:** Nimmt man sich zu viele Veränderungen auf einmal vor, wirkt das hemmend und die Vorstellung der Perfektion blockiert das Handeln. Das Gute in Sachen Nachhaltigkeit ist, dass man einfach beginnen kann, ohne zu wissen, wie viel man wirklich machen möchte. Denn die Überzeugung genügt: Wer will, dass sich etwas verändert, muss bei sich selbst anfangen. Folgt man dem Weg in kleinen Schritten, wie er im Unterkapitel *Der wahre Preis der Dinge* erklärt wurde, fühlt man sich nicht überfordert und erlebt dennoch bald Erfolge. Nach kurzer Zeit ist man bereits weiter als am Anfang.

3. **Der perfekte Weg:** Wenn wir uns etwas vornehmen, dann stellen wir uns im Kopf schnell den perfekten Weg einer Veränderung vor. Wie wir zum Beispiel nach dem Vorsatz mehr Sport zu treiben,

uns fast täglich bewegen und schon bald perfekt durchtrainiert sind. Dann beginnen wir, doch nach einigen Wochen leisten wir uns die erste Ausnahme, und weichen vom perfekten Weg ab. Wie es der Zufall will, fragt uns am Tag darauf ein Freund nach unserem Vorsatz: „Und klappt es, regelmäßig die Woche Sport zu treiben?". Wir denken uns: „Mist. Nein, diese Woche nicht". Prompt fangen wir an, am Weg und am Vorsatz zu zweifeln. Das ist aber der falsche Anspruch und wir sollten uns von Anfang an bewusst machen, dass es Ausnahmen geben wird. Dazu sollten wir dann auch stehen und sie nicht mit „Ja, aber"-Argumenten schönreden. Den perfekten Weg gibt es nicht. Und der „unperfektere" Weg ist in jedem Fall viel besser, als aus Angst vor dem Scheitern nichts zu verändern.

4. **Das Gefühl des Müssens:** Ein weiteres Problem ist das Wort „müssen", denn es erzeugt Zwang und dieser ist kein guter Start für eine Veränderung. Viel besser ist die Aussage: „Ich erlaube es mir ab jetzt, es anders zu machen. Und das wird großartig." Wenn wir uns nicht an der neuen Gewohnheit erfreuen, werden wir sie nicht lange durchhalten. Und ja, es wird Tage geben, an denen wir keine Lust haben, aber wenn wir uns überwunden haben, ist das Erfolgsgefühl noch viel stärker.

5. **Die fehlende Messbarkeit:** Wie will man Vorsätze wie „Ich muss mich gesünder ernähren" oder „Ich muss mehr Sport treiben" langfristig auf ihren Erfolg hin überprüfen? Wie viel mehr ist genug, um sich gut zu fühlen? Das „Genug" wird zunehmend

ein dehnbarer Begriff und schon haben wir – auch wenn wir es uns noch nicht eingestehen – die Grenze zum Scheitern des Vorsatzes überschritten. Was es braucht, sind messbare Vorsätze, d. h. neue, feste Prinzipien unseres Handelns, die zu unserer Überzeugung werden. Das erreichen wir, indem wir den Satzbau unsres Vorhabens ein klein wenig ändern: Statt „Ich will!" sagen wir „Ich mache das so!" und festigen damit unterbewusst eine Entscheidung. Zudem erleichtert es die Messbarkeit, im Handeln und – viel wichtiger – im Kopf. Einige Beispiele für feste Prinzipien sind:

- o An vier Tagen in der Woche kein Fleisch essen.
- o Keinen Atom- und Kohlestrom mehr beziehen.
- o Keine Dinge mit Batterie oder Stromkabel verschenken.
- o CO_2-Emissionen der eigenen Flüge immer kompensieren.
- o Strecken mit der Bahn fahren, auch wenn man sich nach den Fahrzeiten richten muss.
- o Innerstädtisch mit dem Fahrrad oder den öffentlichen Verkehrsmitteln fahren.
- o Jährlich 100€ an Naturschutzorganisationen spenden.
- o Ein Ehrenamt bekleiden.

6. **Der echte Start:** Wann ist der beste Startzeitpunkt? Nach einem Wochenende? Nach einer Feier? Zu Silvester bzw. zum neuen Jahr? Es gibt keinen sinnvollen Grund, auf einen bestimmten Zeitpunkt

zu warten. Wenn wir Vorsätze auf einen bestimmten Starttermin schieben, dann nur deshalb, weil wir die absehbaren, nahenden Versuchungen noch abwarten wollen, bevor wir beginnen. Aber diese Versuchungen werden wiederkommen und dann müssen wir sie meistern. Den Startzeitpunkt für einen guten Vorsatz zu verschieben bedeutet nur, mehr Gründe dafür zu finden, es gar nicht zu tun oder in abgespeckter Version umzusetzen.

Wer wirklich etwas ändern will, tut das gleich.

Es kann sofort losgehen.

Und zwar jetzt.

Quellenangaben

Hinweis: Um den Zugriff auf die Quellen auch in der Druckversion des Buches zu erleichtern, werden alle Links als Kurzlinks angegeben. Dabei wurde je Link über den Dienst Google URL Shortener (*https://goo.gl/*) eine zweite, einfachere Alias-URL erzeugt, die über eine Weiterleitung auf die entsprechende Website führt. Ausgenommen davon sind veraltete, inaktive Links.

VORWORT: Der Erde ist egal, ob wir sie retten

Wikipedia (o. J.): *Erde.* In: Online. https://goo.gl/6Pjdv8 (Stand: 07.11.2016)

WWF (2016): *Welterschöpfungstag: Die Welt ist nicht genug.* In: Online. https://goo.gl/evfF1E (Stand: 27.11.2016)

KONSUM

Der wahre Preis der Dinge

Nachhaltigwissen (2014): *Nachhaltigkeit im Interview: Bio-Strohhalme aus Roggen.* In: Online. https://goo.gl/G1zn1O (Stand: 27.11.2016)

Statistisches Bundesamt (2014): *Aufkommen, Beseitigung und Verwertung von Abfällen im Jahr 2014 in Tausend Tonnen.* In: Online. https://goo.gl/BXa9hz (Stand: 27.11.2016)

Statistisches Bundesamt (o. J.): *Aufkommen an Haushaltsabfällen: Deutschland, Jahre, Abfallarten.* In: Online. https://goo.gl/tHl4Lm (Stand: 27.11.2016)

Utopia (o. J.): *Energieeffiziente Elektrogeräte. Die energieeffizientesten Kaffeemaschinen.* In: Online. https://goo.gl/u8ysNP (Stand: 27.11.2016)

Wie unser Konsum den Regenwald beeinflusst

Allianz Umweltstiftung [Hrsg.](2006): *Information zum Thema „Tropenwald". Schatzkammer der Erde und bedrohtes Paradies.* IMAGO 87: Freising.

Bacher, Martina (o. J.): *Produkte ohne Palmöl. Der Einkaufsführer von Umweltblick.* In: Online. https://goo.gl/qZue4A (Stand: 27.11.2016)

BUND (2014): *Produkte mit Palmöl meiden – neue Kennzeichnungspflicht tritt in Kraft.* In: Online. https://www.bund.net/nc/presse/pressemitteilungen/detail/artikel/produkte-mit-palmoel-meiden-neue-kennzeichnungspflicht-tritt-in-kraft/ (inaktiver Link, Aufruf des letzten aktiven Standes: 07.11.2016)

Codecheck.info (o. J.): *Produkte checken und gesund einkaufen.* In: Online. https://goo.gl/OOQoZZ (Stand: 27.11.2016)

fair flowers fair plants (o. J.): *„Fair Flowers Fair Plants, was bedeutet das für mich?"* In: Online. https://goo.gl/8fbdHp (Stand: 27.11.2016)

Flower Label Program e. V. (o. J.): *Flower Label Program e. V.* In: Online. https://goo.gl/F6Gc6g (Stand: 27.11.2016)

FONA, Forschung für Nachhaltige Entwicklung (2011): *Tag der Tropenwälder – Wachsende Gefahr durch Abholzung.* In: Online. http://www.fona.de/de/14015 (inaktiver Link, Aufruf des letzten aktiven Standes: 11.02.2015)

Kwasnieswski, Nicolai (2015): *Milliardengeschäft: So kommt illegales Tropenholz nach Deutschland.* In: Online. https://goo.gl/UHsLwg (Stand: 27.11.2016)

Naturfund (o. J.): *Willkommen bei Naturefund.* In: Online. https://goo.gl/X454LW (Stand: 27.11.2016)

OroVerde. Die Tropenwaldstiftung (o. J.): *Aktuelles bei OroVerde.* In: Online. https://goo.gl/26UszT (Stand: 27.11.2016)

Rasmussen, Carol (2014): *NASA Finds Good News on Forests and Carbon Dioxide.* In: Online. https://goo.gl/aOjnIF (Stand: 27.11.2016)

Retten den Regenwald e. V. (2010): *Das Grüne Wunder.* In: Online. https://goo.gl/ge72IC (Stand: 27.11.2016)

ERNÄHRUNG

Lebensmitteltransporte mit dem Flugzeug

Bernstorff, Andreas (o. J.): *Verschrottung von Hochseeschiffen - Ein globales Umwelt- und Gesundheitsproblem. Gefahren bei der Schiffsabwrackung.* In: Online. https://goo.gl/uP0TgR (Stand: 27.11.2016)

Herminghaus, Harald (2014): *CO2-Emissionen beim Lebensmitteltransport. CO2-Vergleich beim Transport (Flugzeug, LKW, Bahn, Schiff).* In: Online. http://goo.gl/mxjnQZ (Stand: 27.11.2016)

Keller, Markus (2010): *Flugtransporte von Lebensmitteln und Blumen nach Deutschland. Eine Untersuchung im Auftrag der Verbraucherzentralen. Hrsg: Verbraucherzentrale Hessen, Niedersachsen, Nordrhein-Westfalen, Saarland, Frankfurt/Main.* In: Online. https://goo.gl/C7499L (Stand: 27.11.2016)

Umweltbundesamt (2016): *Seeschifffahrt. Fakten zur Seeschifffahrt und zu ihren Auswirkungen auf die Umwelt.* In: Online. https://goo.gl/jZ0wZV (Stand: 27.11.2016)

Von Appen, Kai (2016): *Billigbeflaggung bedroht Schifffahrtsbranche. Seefahrt-Berufe vor dem Aus.* In: Online. https://goo.gl/zlAkoU (Stand: 27.11.2016)

Zeit Online (2016): *Kreuzfahrten. Billig unter fremder Flagge.* In: Online. https://goo.gl/B8jKXM (Stand: 27.11.2016)

Grafik *„CO2-Ausstoß für ein Kilo Lebensmittel auf 1000km Transportweg" (eigene Grafik), Quelle:*

Herminghaus, Harald (2014): *CO2-Emissionen beim Lebensmitteltransport. CO2-Vergleich beim Transport (Flugzeug, LKW, Bahn, Schiff).* In: Online. http://goo.gl/mxjnQZ (Stand: 27.11.2016)

Saisonal und regional – gut für die Umwelt

Deutsche Gesellschaft für Ernährung (2014): *5 am Tag.* In: Online. https://goo.gl/7GkgeF (Stand: 27.11.2016)

Lübker, Tillmann (2014): *Saisonkalender für Gemüse, Obst und Salat.* In: Online. https://goo.gl/5vRYUa (Stand: 27.11.2016)

Schräder, Susanne (2007): *Vergleichende Energiebilanzierung der regionalen und überregionalen Produktion von Wein und Äpfeln. Dissertation zur Erlangung des Doktorgrades der Ökotrophologie am Fachbereich Agrarwissenschaften. Ökotrophologie und Umweltmanagement der Justus-Liebig-Universität Giessen.* In: Online. https://goo.gl/g8zh2P (Stand: 27.11.2016)

Verbraucherzentralen Nordrhein-Westfalen, Bayern, Hessen, Niedersachsen, Saarland und Schleswig-

Holstein (2015): *Heimisches Obst und Gemüse: Wann gibt es was?* In: Online. https://goo.gl/5ArwYw (Stand: 27.11.2016)

Grafik *„Saisonkalender für heimisches Gemüse" (eigene Grafik), Quellen:*

Lübker, Tillmann (o. J.): *Saisonkalender für Gemüse (Obst / Salat).* In: Online. https://goo.gl/jkcThI (Stand: 27.11.2016)

Verbraucherzentralen Nordrhein-Westfalen, Bayern, Hessen, Niedersachsen, Saarland und Schleswig-Holstein (2015): *Heimisches Obst und Gemüse: Wann gibt es was?* In: Online. https://goo.gl/5ArwYw (Stand: 27.11.2016)

Grafik *„Saisonkalender für heimischen Salat" (eigene Grafik), Quellen:*

Lübker, Tillmann (o. J.): *Saisonkalender für Salat (Gemüse / Obst).* In: Online. https://goo.gl/Sl9Dfb (Stand: 27.11.2016)

Verbraucherzentralen Nordrhein-Westfalen, Bayern, Hessen, Niedersachsen, Saarland und Schleswig-Holstein (2015): *Heimisches Obst und Gemüse: Wann gibt es was?* In: Online. https://goo.gl/5ArwYw (Stand: 27.11.2016)

Grafik *„Saisonkalender für heimisches Obst" (eigene Grafik), Quellen:*

Lübker, Tillmann (o. J.): *Saisonkalender für Obst (Gemüse / Salat).* In: Online. https://goo.gl/e3g3aq (Stand: 27.11.2016)

Verbraucherzentralen Nordrhein-Westfalen, Bayern, Hessen, Niedersachsen, Saarland und Schleswig-Holstein (2015): *Heimisches Obst und Gemüse: Wann *gibt es was?* In: Online. https://goo.gl/5ArwYw (Stand: 27.11.2016)

Fleisch, Tierprodukte und vegane Ernährung

Bundesministerium für Umwelt, Naturschutz, Bau und Reaktorsicherheit (2016): *Konsum und Ernährung.* In: Online. https://goo.gl/pL3T2i (Stand: 27.11.2016)

Bundesverband der Deutschen Fleischwarenindustrie e. V. (2014): *Fleischverbrauch und Fleischverzehr je Kopf der Bevölkerung.* In: Online. https://goo.gl/LB7y0N (Stand: 27.11.2016)

vebu (o. J.): *Die Zukunft isst pflanzlich.* In: Online. https://goo.gl/kQDRr3 (Stand: 27.11.2016)

Vegman Beta (o. J.): *Home.* In: Online. https://goo.gl/Vas9Ve (Stand: 27.11.2016)

WWF Deutschland (2014): *Ernährungsweisen. Fleischkonsum. Flächenverbrauch. Fleisch frisst Land.* In: Online. https://goo.gl/KeXya1 (Stand: 27.11.2016)

WWF Deutschland [Hrsg.] (2009): *Der Wasser-Fußabdruck Deutschlands. Woher stammt das Wasser, das in unseren Lebensmitteln steckt?* In: Online. https://goo.gl/mdknRj (Stand: 27.11.2016)

Grafik *„Klimabilanz für Nahrungsmittel" (eigene Grafik), Quelle:*

Bundesministerium für Umwelt, Naturschutz, Bau und Reaktorsicherheit (2016): *Konsum und Ernährung.* In: Online. https://goo.gl/pL3T2i (Stand: 27.11.2016)

Welchen Fisch dürfen wir noch essen?

Boetius, Antje (2009): *Methanotrophie - Methan als Lebensgrundlage für Ökosysteme der Tiefsee. Energie aus der Tiefe.* In: Online. https://goo.gl/StP8pZ (Stand: 27.11.2016)

DRadio Wissen (2014): *Podcast „Hörsaal". Tiefsee. Unbekannte Welten.* In: Online. https://goo.gl/knByhM (Stand: 27.11.2016)

Greenpeace (o. J.a): *Fischratgeber 2016 bestellen.* In: Online. https://goo.gl/kPpEf4 (Stand: 27.11.2016)

Greenpeace (o. J.b): *Tiefseefischerei: Raubbau in der Finsternis.* In: Online. https://goo.gl/ktvjUZ (Stand: 27.11.2016)

Kehse, Ute (2001): *Urtümliche Bakterien bauen das in Unterwasservulkanen entstehende klimaschädliche Gas Methan ab. Die Methanfresser vom Meeresgrund.* In: Online. https://goo.gl/8yUitN (Stand: 27.11.2016)

Resenhoeft, Thilo (2009): *Verheerende Folgen. Tiefsee-Fischerei vernichtet Lebensraum.* In: Online. https://goo.gl/Qf6vqD (Stand: 27.11.2016)

Wikipedia (o. J.): *Erde. Klimazonen.* In: Online. https://goo.gl/IfHsa5 (Stand: 27.11.2016)

WWF (2015): *Sushi. Kalter Fisch. Heiß begehrt.* In: Online. https://goo.gl/raZ42F (Stand: 27.11.2016)

WWF (o. J.a): *Der WWF-Sushi-Ratgeber.* In: Online. https://goo.gl/14IWoj (Stand: 27.11.2016)

WWF (o. J.b): *Einkaufsratgeber Fisch.* In: Online. https://goo.gl/MhuZ6s (Stand: 27.11.2016)

WWF (o. J.c): *Tiefseefischerei.* In: Online. https://goo.gl/VCC0XZ (Stand: 27.11.2016)

KLEIDUNG

Statistisches Bundesamt (o. J.): *Private Konsumausgaben.* In: Online. https://goo.gl/NgT3dt (Stand: 27.11.2016)

Baumwolle: Wie kann Mode so günstig sein?

Goldscheider, Stefanie (2016): *Baumwolle und Naturtextilien.* In: Online. https://goo.gl/AYLUPE (Stand: 27.11.2016)

Kampagne für Saubere Kleidung (2013): *Aktuelle Meldungen zu Kampagnen & Themen. Sandgestrahlte Jeans - Breathless for Blue Jeans.* In: Online. https://goo.gl/KXpga4 (Stand: 27.11.2016)

NABU (2009): *Die Baumwolle – Von Natur keine Spur.* In: Online. https://goo.gl/Z5tZrm (Stand: 27.11.2016)

Rank a Brand (2016): *Wie nachhaltig sind deine Lieblingsmarken?* In: Online. https://goo.gl/6HZgCC (Stand: 27.11.2016)

Schaus, Katharina (2013): *Gutachten. Der Weg zu nachhaltiger Kleidung – Standards, Siegel und politische Rahmenbedingungen.* In: Online. https://goo.gl/F5kD9l (Stand: 27.11.2016)

Umweltinstitut (2014): *Baumwolle Anbau.* In: Online. https://goo.gl/12DqSg (Stand: 27.11.2016)

Utopia (o. J.): *Grüne Shops & Portale. Die besten grünen Onlineshops.* In: Online. https://goo.gl/yYqxdy (Stand: 27.11.2016)

Von der Heide, Stefanie (2013): *Faire und umweltschonende Mode: Mehr "Grün" in den Kleiderschrank!* In: Online. https://www.bund.net/service/ratgeber/gruene_mode/ (inaktiver Link, Aufruf des letzten aktiven Standes: 13.11.2016)

wegreen (o. J.): *Die WeGreen® Nachhaltigkeitsampel.* In: Online. https://goo.gl/Xc93fd (Stand: 27.11.2016)

Warum Pelze zurück sind oder nie weg waren

Böhme, Karoline (2016): *Pelz, Leder, Daunen - Tierische Produkte in Zahlen.* In: Online. https://goo.gl/CAvIvb (Stand: 27.11.2016)

Bundesministerium der Justiz und für Verbraucherschutz (2016): *Verordnung zum Schutz landwirtschaftlicher Nutztiere und anderer zur Erzeugung tierischer Produkte gehaltener Tiere bei ihrer Haltung (Tierschutz-Nutztierhaltungsverordnung - TierSchNutztV). § 40 Anforderungen an Haltungseinrichtungen für Pelztiere.* In: Online. https://goo.gl/zuY7Xn (Stand: 27.11.2016)

Deutsches Tierschutzbüro (o. J.): *Wir retten Tiere.* In: Online. https://goo.gl/yZKMSq (Stand: 27.11.2016)

Europe Innovating Heritage Responsibly (2016): *Fur Industry by Country.* In: Online. https://goo.gl/C4qnMy (Stand: 27.11.2016)

Fur Free Retailer (o. J.): *for the look that lives.* In: Online. https://goo.gl/yS9ATm (Stand: 27.11.2016)

furfree Alliance (2016): *Fur Farming.* In: Online. https://goo.gl/Ww6tFC (Stand: 27.11.2016)

gelabelt.de (2016a): *Bist du dir sicher, dass du nicht gelabelt bist?* In: Online. https://goo.gl/Krr1cy (Stand: 27.11.2016)

gelabelt.de (2016b): *Fakten zur Pelzproduktion in Deutschland.* In: Online. https://goo.gl/95GgRL (Stand: 27.11.2016)

gelabelt.de (o. J.): *Home.* In: Online. https://goo.gl/6yUw4w (Stand: 27.11.2016)

Horn, Lenja (2015): *Bielefeld. Echtpelz als Kunstfell im Handel. Lohnendes Geschäft mit mangelhafter Kenn-*

zeichnung und Gesundheitsrisiken. In: Online. https://goo.gl/FLwRpc (Stand: 27.11.2016)

Offensive gegen die Pelzindustrie (2016): *Alfons Grosser gibt auf - Drei weitere Pelzfarmen schließen.* In: Online. https://goo.gl/SZh116 (Stand: 27.11.2016)

Pelzinfo.ch (2016): *Facts & Figures. Ein riesiger Wirtschaftszweig.* In: Online. https://goo.gl/OipD5c (Stand: 27.11.2016)

PETA (2013): *Modeopfer: Tiere in der Pelzindustrie. PETA Deutschland stellt die unschuldigen Modeopfer und ihre Persönlichkeit vor.* In: Online. https://goo.gl/QArbSL (Stand: 27.11.2016)

PETA (2015): *Verbraucherschutz: PETA appelliert an CDU, eine klare Kennzeichnungspflicht von Pelzen zu unterstützen. SPD will Textildeklaration kundenfreundlicher gestalten, um unabsichtliche Tierfellkäufe zu vermeiden.* In: Online. https://goo.gl/ocUZ5I (Stand: 27.11.2016)

PETA (2016): *Zen schockierende Wahrheiten über Pelz. PETA Deutschland enthüllt die Verbrechen der Pelzindustrie.* In: Online. https://goo.gl/pwD0LL (Stand: 27.11.2016)

PETA (o. J.a): *Home.* In: Online. https://goo.gl/JIVN8M (Stand: 27.11.2016)

PETA (o. J.b): *Lebendig gehäutet, vergast oder erschlagen: Leiden für Pelz.* In: Online. https://goo.gl/5dICI3 (Stand: 27.11.2016)

Statista (2016): *Wie gern haben Sie Pelz als Kleidungsmaterial?* In: Online. https://goo.gl/qSZWoi (Stand: 27.11.2016)

Stiftung Warentest (2016): *Pelzmode: Wie uns echte Tierfelle als Kunstpelz verkauft werden.* In: Online. https://goo.gl/l0a1aZ (Stand: 27.11.2016)

Tierschutz.org (2013): *Einzelne Problembereiche. Wildtiere. Einzelne Aspekte. Pelzproduktion. Einleitung.* In: Online. http://www.tierschutz.org/tierschutz/problembereiche/wildtiere/pelzproduktion.php (inaktiver Link, Aufruf des letzten aktiven Standes: 23.10.2013)

Waldschlägel, Susanne / Kämper, Ole (2015): *Umstrittenes Accessoire. Pelz-Umsatz steigt immer weiter.* In: Online. https://goo.gl/adFSri (Stand: 27.11.2016)

Wikipedia (o. J.): *Europäischer Nerz. Lebensweise.* In: Online. https://goo.gl/MDFQUY (Stand: 27.11.2016)

Winterbauer, Jörg (2014): *Panorama. Tierquälerei. Die Hölle der Pelztiere liegt in Polen.* In: Online. https://goo.gl/XNJas8 (Stand: 27.11.2016)

Das blutige Geschäft mit der Wolle

FAOSTAT (2013): *Production. Livestock Primary.* In: Online. https://goo.gl/6ODZgZ (Stand: 27.11.2016)

Frank (2014): *8 tolle Alternativen zu Wolle.* In: Online. https://goo.gl/53VEsH (Stand: 27.11.2016)

PETA (2014): *Von Schäfern, Schur und toten Lämmern.* In: Online. https://goo.gl/P9JY60 (Stand: 27.11.2016)

PETA (o. J.): *Ein Blick hinter die Kulissen der Wollindustrie.* In: Online. https://goo.gl/5hA1W7 (Stand: 27.11.2016)

VEBU (o. J.): *Massentierhaltung und die Ausbeutung von Tieren.* In: Online. https://goo.gl/rOyAi5 (Stand: 27.11.2016)

Wikipedi (2016): *Myiasis.* In: Online. https://goo.gl/jyj5j5 (Stand: 27.11.2016)

Wikipedia (o. J.a): *Mulesing.* In: Online. https://goo.gl/P6cBg0 (Stand: 27.11.2016)

Wikipedia (o. J.b): *Schafwolle.* In: Online. https://goo.gl/3kqzYN (Stand: 27.11.2016)

Zeier Kopp, Claudia (o. J.): *Wolle - ein Tierquälerprodukt.* https://goo.gl/dGAJh8 (Stand: 27.11.2016)

Die andere Wahrheit über Altkleider

Bayerisches Rotes Kreuz (o J.): *Kleidersammlung.* In: Online. https://goo.gl/JZDGaj (Stand: 27.11.2016)

bvse (o. J.): *Unsere Qualitätssiegel.* In: Online. https://goo.gl/AQfmUB (Stand: 27.11.2016)

caritas (o. J.): *Startseite.* In: Online. https://goo.gl/u5USvl (Stand: 27.11.2016)

Die Johanniter (o. J.): *Altkleidersammlung.* In: Online. https://goo.gl/pAu8Ew (Stand: 27.11.2016)

DRK (o. J.): *Spenden. Spendenservice. Spendentransparenz. Kleidersammlung. Ihre Kleiderspende kommt an.* In: Online. https://goo.gl/MMpQ0F (Stand: 27.11.2016)

FairWertung (2016): *Altkleidersammlungen in Deutschland - Zahlen, Daten, Fakten.* In: Online. https://goo.gl/2CEUVo (Stand: 27.11.2016)

FAIRwertung (o. J.): *Altkleiderspenden für soziale Projekte!* In: Online. https://goo.gl/xnr1xL (Stand: 27.11.2016)

FTR - Fachverband Textilrecycling (o. J.): *Zahlen zur Sammlung und Verwendung von Altkleidern in Deutschland.* In: Online. https://goo.gl/PA3c6G (Stand: 27.11.2016)

Höft, Michael (2012): *Indische Arbeiterinnen. Sklavin für vier Jahre.* In: Online. https://goo.gl/FfdsDm (Stand: 27.11.2016)

KleiderKreisel (o. J.): *Zeit für Ordnung in deinem Kleiderschrank? Einfach Foto machen, hochladen und dabei Geld verdienen.* In: Online. https://goo.gl/vknD9J (Stand: 27.11.2016)

Malteser in Deutschland (o. J.): *Altkleider.* In: Online. https://goo.gl/gsZ0IE (Stand: 27.11.2016)

NRD / ARD (2011): *Die Altkleider-Lüge - Wie Spenden zum Geschäft werden - die reportage - NDR - ARD.* In: YouTube, Online. https://goo.gl/t6aVx1 (Stand: 27.11.2016)

Oxfam Deutschland (o. J.): *Für eine gerechte Welt. Ohne Armut.* In: Online. https://goo.gl/S0tAJa (Stand: 27.11.2016)

Penack, Susanne (2015): *Altkleider: Warnung vor illegalen Sammlern.* In: Online. https://goo.gl/FEkJeB (Stand: 27.11.2016)

Welt (2015): *Ressourcen für 2015 sind erschöpft.* In: Online. https://goo.gl/N0qkJs (Stand: 27.11.2016)

WWF (2016): *Welterschöpfungstag: Die Welt ist nicht genug.* In: Online. https://goo.gl/ZQ4jDB (Stand: 27.11.2016)

STROM

Kohle-, Atom- und Ökostrom: Ein Vergleich

Borchert, Jörg / Jungbluth, Christian / Peek, Markus / Ritzau, Michael (2008): *Versorgungssicherheit in der Elektrizitätsversorgung. Kritische Würdigung der dena-Kurzanalyse zur Kraftwerks- und Netzplanung in Deutsch-*

land bis 2020. In: Online. https://goo.gl/ZqWgSF (Stand: 27.11.2016)

Bundesministerium für Umwelt, Naturschutz, Bau und Reaktorsicherheit (2013): *Tipps zum Stromsparen – für das Klima und den Geldbeutel.* In: Online. https://goo.gl/4i0CGv (Stand: 27.11.2016)

Bundesministerium für Wirtschaft und Energie (o. J.): *Erneuerbare Energien auf einen Blick.* In: Online. https://goo.gl/8pKJxE (Stand: 27.11.2016)

Cullerés Barceló, D. / Gan, Jay (2016): *Science of the Total Environment. An International Journal for Scientific Research into the Environment and its Relationship with Humankind.* In: Online. https://goo.gl/dRKs5J (Stand: 27.11.2016)

Energiewende. die Stromsparinitiative (o. J.): *Vergleichen Sie jetzt Ihren Stromverbrauch.* In: Online. https://goo.gl/tKn5XR (Stand: 27.11.2016)

Frankfurter Allgemeine (2014): *Strahlenschutz-Chef. Atommüll-Endlager frühestens 2050.* In: Online. https://goo.gl/4116gv (Stand: 27.11.2016)

Gammelin, Cerstin (2013): *Förderung der Energiebranche. Oettinger schönt Subventionsbericht.* In: Online. https://goo.gl/E9fzJ5 (Stand: 27.11.2016)

Greenpeace (o. J.): *Niger. Armes Land, aber drittgrößter Uranproduzent der Welt.* In: Online. https://goo.gl/GDBOk8 (Stand: 27.11.2016)

iea – International Energy Agency (2014): *Energy Technology Perspectives 2014. Harenssing Electricity's Potential.* In: Online. https://goo.gl/kGOX1J (Stand: 27.11.2016)

Jelen, Barbara (2013): *Heißes Wasser. Wasserkocher oder Kochtopf?* In: Online. https://goo.gl/rfj0ab (Stand: 27.11.2016)

Klaeßen, Christian (2013): *Rheinisches Braunkohlerevier im Überblick.* In: Online. https://goo.gl/NLs6NW (Stand: 27.11.2016)

Küchler, Swantje / Meyer, Bettina (2012): *Was Strom wirklich kostet. Vergleich der staatlichen Förderungen und gesamtgesellschaftlichen Kosten konventioneller und erneuerbarer Energien.* In: Online. https://goo.gl/XJFMlu (Stand: 27.11.2016)

Lingenhöhl, Daniel (2010): *Serie Rohstoffe: Wie lang reicht die Kohle?* In: Online. https://goo.gl/3HN7lD (Stand: 27.11.2016)

Meyer, Cordula (2010a): *Uranabbau in Niger. „Die Gesundheit von 80.000 Menschen ist bedroht".* In: Online. https://goo.gl/0t2gYN (Stand: 27.11.2016)

Meyer, Cordula (2010b): *Uranförderung in Niger. Der gelbe Fluch.* In: Online. https://goo.gl/AHJLxt (Stand: 27.11.2016)

Mitteldeutsche Zeitung (2015): *Sechs Stromspar-Mythen Handy-Ladekabel ziehen spart Strom.* In: Online. https://goo.gl/B5YJxC (Stand: 27.11.2016)

NABU (o. J.): *Elektrogeräte gemeinsam nutzen. Tauschen, teilen und leihen ist gut für die Umwelt.* In: Online. https://goo.gl/uu6yLt (Stand: 27.11.2016)

Pressebox (2006): *KMPG-Studie: Ewigkeitskosten der Kohle betragen 13 Milliarden Euro - Unabwägbare Risiken für Trinkwasser.* In: Online. https://goo.gl/QSFA5z (Stand: 27.11.2016)

Schrader, Christopher (2012): *Atomkraftwerke. Ein Super-GAU pro Jahrzehnt.* In: Online. https://goo.gl/qq1GLn (Stand: 27.11.2016)

Spiegel Online (2014): *Trotz Energiewende. Stromproduktion aus Braunkohle erreicht Rekordwert.* In: Online. https://goo.gl/1z6pN0 (Stand: 27.11.2016)

Statista (2016a): *Stromaustauschsaldo Deutschlands in den Jahren 1990 bis 2015 (in Terawattstunden).* In: Online. https://goo.gl/DQIJGx (Stand: 27.11.2016)

Statista (2016b): *Stromverbrauch nach Verbrauchergruppen in Deutschland im Jahr 2015* (in Terawattstunden).* In: Online. https://goo.gl/qGGh8Y (Stand: 27.11.2016)

Statistisches Bundesamt (2016): *Erzeugung. Bruttostromerzeugung in Deutschland für 2013 bis 2015.* In: Online. https://goo.gl/7ywfvX (Stand: 27.11.2016)

Totz, Sigrid (2013): *3.100 Todesfälle durch Kohlekraftwerke.* In: Online. https://goo.gl/kxHb3F (Stand: 27.11.2016)

Umweltbundesamt (2008): *Eine „Stromlücke" ist nicht zu erwarten. Umweltamt legt Kurz-Studie zur angeblichen „Stromlücke" wegen des Atomausstiegs bis 2020 vor.* In: Online. https://goo.gl/onbJ2i (Stand: 27.11.2016)

Utopia (o. J.): *Energieversorgung. Die besten Ökostrom-Anbieter: Naturstrom, EWS & Co.* In: Online. https://goo.gl/u5uKDO (Stand: 27.11.2016)

Wikipedia (o. J.a): *Kohlekraftwerk. Externe Kosten.* In: Online. https://goo.gl/JqKVZI (Stand: 27.11.2016)

Wikipedia (o. J.b): *Radioaktiver Abfall. Anfallende und angefallene Mengen.* In: Online. https://goo.gl/1ZUqPa (Stand: 27.11.2016)

Wikipedia (o. J.c): *Uran/Tabellen und Grafiken.* In: Online. https://goo.gl/5YCA0R (Stand: 27.11.2016)

Willmroth, Jan (2015): *Europas schmutzigste Kraftwerke stehen in Deutschland.* In: Online. https://goo.gl/m7ZgnH (Stand: 27.11.2016)

WWF (o. J.): *Energiewende einleiten und Energie sparen. Strom Sparen. Energie Sparen – 10 praktische Tipps für Ihren Haushalt.* In: Online. https://goo.gl/FlV6o0 (Stand: 27.11.2016)

ELEKTRONIK & INTERNET

Wertvolle und konfliktbehaftete Rohstoffe

Allianz Pro Nachhaltigkeit (2013): *Elektrogeräte – nachhaltig einkaufen und nutzen.* In: Online. https://goo.gl/PXfr7e (Stand: 27.11.2016)

Beckert, Nico (2016): *Konfliktrohstoffe: Halbherzige Einigung auf EU-Ebene.* In: Online. https://goo.gl/34yeGJ (Stand: 27.11.2016)

Dürr, Benjamin (2010): *Umkämpftes Coltan. Der Stoff, aus dem die Handys sind.* In: Online. https://goo.gl/WaQRwJ (Stand: 27.11.2016)

Greenpeace (2014): *Grüne Elektronik: Design der Zukunft.* In: Online. https://goo.gl/WGmtgi (Stand: 27.11.2016)

Greenpeace (o. J.): *Startseite.* In: Online. https://goo.gl/k4K3yD (Stand: 27.11.2016)

iPoint – Conflict Minerals Platform (2015): *Konfliktmineralien-Gesetzgebung der EU: Parlament befürwortet obligatorische Verordnung mit Auswirkungen für Downstream-Unternehmen.* In: Online. https://goo.gl/j0Kyxh (Stand: 27.11.2016)

Kückmann, Franziska (2014): *Metalle aus Konfliktregionen. Rohstoffe im Kongo: Der Krieg und unsere Handys.* In: Online. https://goo.gl/142qkP (Stand: 27.11.2016)

Malmström, Cecilia (2016): *Big Step agains conflict minerals.* In: Online. https://goo.gl/HVZbsd (Stand: 27.11.2016)

Schreckenbach, Florian (2013): *Interview mit Joe Mier von FairPhone: Nachhaltigkeit & Fairness.* https://goo.gl/c6c2QL (Stand: 27.11.2016)

Umwelt Bundesamt (2012): *Deutsche verbrauchen zu viele Hi-Tech-Metalle. Rohstoffmangel bald Bremsklotz für die wirtschaftliche Entwicklung?* In: Online. https://goo.gl/So3wm0 (Stand: 27.11.2016)

Umweltpakt Bayern (2015): *Konfliktmineralien – Hintergründe, Regelungen, Initiativen.* In: Online. https://goo.gl/mG5iqP (Stand: 27.11.2016)

Verbraucherzentrale Nordrhein-Westfalen (2016a): *Rohstoffabbau schadet Umwelt und Menschen.* In: Online. https://goo.gl/mhiZBq (Stand: 27.11.2016)

Verbraucherzentrale Nordrhein-Westfalen (2016b): *Rohstoffe in Elektrogeräten.* In: Online. https://goo.gl/aFMGKr (Stand: 27.11.2016)

Wie nachhaltig ist das Internet?

Ahrens, Björn (2015): *Green IT – Zahlen und Fakten.* In: Online. https://goo.gl/lzcByZ (Stand: 27.11.2016)

Bundesministerium für Umwelt, Naturschutz, Bau und Reaktorsicherheit (2014): *Green IT.* In: Online. https://goo.gl/JhzY1e (Stand: 27.11.2016)

Bundesministerium für Wirtschaft und Energie (2014): *Energieeffiziente IKT in der Praxis. Planung und*

Umsetzung von Green IT Maßnahmen im Bereich von Büroarbeitsplätzen und Rechenzentren. In: Online. https://goo.gl/ww3cNZ (Stand: 27.11.2016)

Charr, Nicolas (2006): *Avatars consume as much electricity as Brazilians.* In: Online. https://goo.gl/NZNRGy (Stand: 27.11.2016)

EcoSearch (o. J.): *Startseite.* In: Online. https://goo.gl/Kz5Czu (Stand: 27.11.2016)

Ecosia (o. J.): *Startseite.* In: Online. https://goo.gl/0grmQo (Stand: 27.11.2016)

fiff (2015): *Faire Computer.* In: Online. https://goo.gl/IKsLG0 (Stand: 27.11.2016)

Florian Rötzer (2009): *Für wieviel CO2-Ausstoß sind Internetsuchen verantwortlich? [Update]* In: Online. https://goo.gl/RJ0mzh (Stand: 27.11.2016)

goodsearch (o. J.): *Starseite.* In: Online. https://goo.gl/ffGcGa (Stand: 27.11.2016)

Google green (o. J.): *Ein besseres Web. Besser für die Umwelt.* In: Online. https://goo.gl/haFYay (Stand: 27.11.2016)

Öko-Institut (2014): *Wachsender Strombedarf für Rechenzentren und Telekommunikationsnetze in der EU.* In: Online. https://goo.gl/EeUvrb (Stand: 27.11.2016)

Stromauskunft (2015): *CO2 Emissionen.* In: Online. https://goo.gl/bO7l7C (Stand: 27.11.2016)

Woods, Patrick (2007): *Die Herstellung und Entsorgung des Computers. Laptops besser für die Umwelt.* In: Online. https://goo.gl/3Lmmsr (Stand: 27.11.2016)

PLASTIK

BUND (o. J.): *Plastikfakten zum Plastikfasten.* In: Online. https://goo.gl/dptJGw (Stand: 27.11.2016)

Gibt es heute wieder Plastik zu essen?

Alfred-Wegener-Institut (2014): *Kein europäisches Meer ohne Müll? Neue Studie zeigt, dass alle untersuchten Meeresregionen Europas verschmutzt sind.* In: Online. https://goo.gl/Fz1aYR (Stand: 27.11.2016)

Behrens, Christoph (2015): *Studie des Umweltministeriums. Mikroplastik-Teilchen belasten Bayerns Gewässer.* In: Online. https://goo.gl/BxQgqF (Stand: 27.11.2016)

BUND (2000): *Achtung Plastik! Chemikalien in Plastik gefährden Umwelt und Gesundheit.* In: Online. https://goo.gl/P3hc0U (Stand: 27.11.2016)

BUND (o. J.a): *Plastikfakten zum Plastikfasten.* In: Online. https://goo.gl/dptJGw (Stand: 27.11.2016)

BUND (o. J.b): *Startseite.* In: Online. https://goo.gl/NnFnpf (Stand: 27.11.2016)

Consultic (2013): *Studie zu Produktion, Verarbeitung und Verwertung von Kunststoffen in Deutschland 2013 – Kurzfassung.* In: Online. https://goo.gl/yVvpdU (Stand: 27.11.2016)

Greenpeace (o. J.a): *Was tun gegen die Plastikflut? 10 Tipps für weniger Plastik.* In: Online. https://goo.gl/0Pi8Zg (Stand: 27.11.2016)

Greenpeace (o. J.b): *Startseite.* In: Online. https://goo.gl/k4K3yD (Stand: 27.11.2016)

Kein Heim fuer Plastik (o. J.): *Startseite.* In: Online. https://goo.gl/vjoEsO (Stand: 27.11.2016)

Leben ohne Plastik (o. J.): *Startseite.* In: Online. https://goo.gl/X7v2n4 (Stand: 27.11.2016)

NABU (o. J.): *Startseite.* In: Online. https://goo.gl/z2aGzl (Stand: 27.11.2016)

One earth one ocean (o. J.): *Wir sind Menschen, die eine saubere Zukunft aktiv gestalten wollen.* In: Online. https://goo.gl/LQhho8 (Stand: 27.11.2016)

SPIEGEL ONLINE (2013): *Angeschwemmter Pottwal. Vollgestopft mit Plastikmüll.* In: Online. https://goo.gl/va04YX (Stand: 27.11.2016)

Statista (2016): *Anzahl der einmal verwendeten und weggeworfenen Plastiktüten je Verbraucher in der Europäischen Union nach Ländern im Jahr 2010.* In: Online. https://goo.gl/b0z35m (Stand: 27.11.2016)

Süddeutsche Zeitung (2015): *Starnberger See. Sorge wegen Mikroplastik.* In: Online. https://goo.gl/8N57RE (Stand: 27.11.2016)

The Ocean Cleanup (o. J.): *The largest cleanup in history.* In: Online. https://goo.gl/z4ZQ3Q (Stand: 27.11.2016)

Umweltbundesamt (2013): *Plastiktüten.* In: Online. https://goo.gl/LDol58 (Stand: 27.11.2016)

Umweltbundesamt (2014): *Weichmacher.* In: Online. https://goo.gl/xzyXEu (Stand: 13.11.2016)

UNEP (2005): *Marine Litter. An analytical overview.* In: Online. https://goo.gl/EhhY8a (Stand: 27.11.2016)

VeganBlatt (o. J.): *15 Dinge aus Plastik, die Du wirklich vermeiden solltest.* In: Online. https://goo.gl/CJop5W (Stand: 27.11.2016)

Welt (2013): *Natur & Umwelt. Müll im Meer. Plastikpartikel können Menschen schaden.* In: Online. https://goo.gl/oaLUe5 (Stand: 27.11.2016)

Welt (2013a): *Natur & Umwelt. Umwelt. Unerforschter Kontinent aus Plastikmüll im Pazifik.* In: Online. https://goo.gl/tNwq1e (Stand: 27.11.2016)

Welt (2013b): *Natur & Umwelt. Verseuchte Weltmeere. Was Sie über die Plastik-Pest wissen sollten.* In: Online. https://goo.gl/DIw1JE (Stand: 27.11.2016)

weupcycle.com (o. J.): *30 Tage 30 Dinge. Tag 659: Gastbeitrag – Tiefkühlpackerl.* In: Online. https://goo.gl/Kh1R2i (Stand: 27.11.2016)

WWF (o. J.): *Startseite.* In: Online. https://goo.gl/gL36Ip (Stand: 27.11.2016)

Mikroplastik: Eine Gefahr für die Umwelt

Beat the microbead (o. J.): *Startseite.* In: Online. https://goo.gl/zZOrMB (Stand: 27.11.2016)

BUND (o. J.a): *Mikroplastik - unsichtbare Gefahr.* In: Online. https://goo.gl/6tLU7E (Stand: 27.11.2016)

BUND (o. J.b) *ToxFox: Scannen, fragen, giftfrei einkaufen.* In: Online. https://goo.gl/TGs0mc (Stand: 27.11.2016)

Codecheck AG (2016): *Mikroplastik-Studie 2016. Codecheck-Studie zu Mikroplastik in Kosmetika.* In: Online. https://goo.gl/dHVWQT (Stand: 27.11.2016)

Flatley, Annika (2016): *Wo es sich versteckt und wie du es vermeiden kannst.* In: Online. https://goo.gl/aQVAQS (Stand: 27.11.2016)

Naturbalance (o. J.): *Naturkosmetik-Siegel - und Bio Lebensmittel Siegel.* In: Online. https://goo.gl/hyKU31 (Stand: 27.11.2016)

Die Biogurke im Plastikmantel

BUND (o. J.): *„Bioplastik" – die Lösung aller Probleme?* In: Online. https://www.bund.net/themen_und_projekte/chemie/ac

htung_plastik/alternative_bioplastik/ (inaktiver Link, Aufruf des letzten aktiven Standes: 13.11.2016)

Dallmus, Alexander (2013): *Verpackungen. Warum werden Bio-Gurken in Plastik verpackt?* In: Online. https://goo.gl/B3AT5r (Stand: 13.11.2016)

Frühschütz, Leo (2014): *Bio in Plastik – was sind die Alternativen?* In: Online. https://goo.gl/n55pfi (Stand: 27.11.2016)

Herbst, Corinna (2012): *Plastikwahn bei frischer Bioware.* In: Online. https://goo.gl/wsWHbL (Stand: 27.11.2016)

Ministerium für Ländlichen Raum und Verbraucherschutz Baden-Württemberg (2015): *Ergebnisse der Untersuchung von Bio-Lebensmitteln. Zusammenfassung aus dem Bericht zum Ökomonitoring 2015.* In: Online. https://goo.gl/0I4ETL (Stand: 27.11.2016)

Unternehmensprofil REWE Group / schauster (2013): *Frage an REWE Group. Nachhaltigkeit- Bioobst/Gemuese in Plastikfolie.* In: Online. https://goo.gl/DDRKwX (Stand: 27.11.2016)

PAPIER

Die Zukunft der Wälder und das Papier

Abenteuer Regenwald (o. J.): *Menschen im Regenwald.* In: Online. https://goo.gl/fZ3C5o (Stand: 27.11.2016)

aiim (2012): *Industrie Watch. The Paper Free Office - dream or reality?* In: Online. https://goo.gl/7oKYEi (Stand: 27.11.2016)

Die Bundesregierung (2015): *Schutz des Regenwaldes. Kampf gegen Abholzung.* In: Online. https://goo.gl/xvVszD (Stand: 27.11.2016)

FAO / FRA (2012): *FRA 2015. Terms and Definitions.* In: Online. https://goo.gl/wqUAgA (Stand: 27.11.2016)

Lingenhöhl, Daniel (2012*): Ökologie. Lebende Tote.* In: Online. https://goo.gl/x02Vd2 (Stand: 27.11.2016)

SBAZV – Abfallkurier. Das Kundenmagazin des SBAZV (2014): *Recycling schont Ressourcen.* In: Online. (S. 3). https://goo.gl/WNTVfp (Stand: 27.11.2016)

Schadwinkel, Alina (2013): *Baumbestand der Erde. Die Welt ist um 1,5 Millionen Quadratkilometer Wald ärmer.* In: Online. https://goo.gl/ovzsVI (Stand: 27.11.2016)

Spracklen, D. V. / Arnold, S. R. / Taylor, C. M. (2012): *Observations of increased tropical rainfall preceded by air passage over forests.* In: Online. https://goo.gl/DkXgCb (Stand: 27.11.2016)

Umweltbundesamt (2015a): *Altpapier.* In: Online. https://goo.gl/uLd6NF (Stand: 27.11.2016)

Umweltbundesamt (2015b): *Deutschland ist Spitzenreiter - beim Papierverbrauch.* In: Online. https://goo.gl/D3Cs1Q (Stand: 27.11.2016)

WWF (2011): *Wald steckt da, wo wir ihn nicht erwarten. Papierverbrauch in Deutschland. Hintergrundinformationen.* In: Online. https://goo.gl/RJTc9l (Stand: 27.11.2016)

WWF (o. J.): *Holz und Papier. Nachhaltig genutzt. Das WWF-Dateiformat. Ein Dateiformat, das hilft, Bäume zu retten: Das WWF [sic.]* In: Online. https://goo.gl/Er7Onb (Stand: 27.11.2016)

WWF Deutschland (2008): *Illegaler Holzeinschlag und Deutschland. Eine Analyse der Außenhandelsdaten.* In: Online. https://goo.gl/YILNCj (Stand: 27.11.2016)

Zahnen, Johannes (o. J.): *Papierverbrauch. Deutschland vorne mit dabei. Zahlen und Fakten. Aus Wäldern wird Papier.* In: Online. https://goo.gl/rNzfEX (Stand: 27.11.2016)

Müll

northofthesun.no (o. J.): *Nordfor sola - North of the sun.* In: Online. https://goo.gl/qP66wp (Stand: 27.11.2016)

Wie viel Wegwerfgesellschaft sind wir?

BUND (2007): *Aluminium - Leichtgewicht mit schweren Folgen.* In: Online. https://www.bund.net/nc/service/oekotipps/detail/zurueck/suche-in-den-oekotipps/artikel/aluminium-leichtgewicht-mit-schweren-folgen/teelicht/ (inaktiver Link, Aufruf des letzten aktiven Standes: 13.11.2016)

Gesellschaft für Verpackungsmarktforschung mbH (GVM) (2016): *Entwicklung des Verpackungsaufkommens in Tausend Tonnen.* In: Online. https://goo.gl/O0YI6C (Stand: 27.11.2016)

Hoornweg, Daniel / Bhada-Tata, Perinaz / Kennedy, Chris (2013): *Environment: Waste production must peak this century.* In: Online. https://goo.gl/HpqMcb (Stand: 27.11.2016)

Knoop, Milena (20eitelayout16): *Kaffee aus der Kapsel – ein umweltverträglicher Trend?* In: Online. https://goo.gl/us4Yvq (Stand: 27.11.2016)

Nestlé Deutschland AG (o. J.): *„Bewusster Umgang auf allen Seiten ist Voraussetzung". Nestlé stellt sich der Kaffeekapsel-Debatte.* In: Online. https://goo.gl/I4ZfMK (Stand: 27.11.2016)

Ökotest (2015): *Kaffeekapseln. Die Müllmacher.* In: Online. https://goo.gl/Cuo2E2 (Stand: 27.11.2016)

Simon, Catherine (2016): *Müll durch Kapseln und Becher. Umweltsünde Kaffee.* In: Online. https://goo.gl/2oHUWj (Stand: 27.11.2016)

Statista (2016a): *Pro-Kopf-Aufkommen von Elektroschrott nach ausgewählten Ländern weltweit im Jahr 2014 (in Kilogramm).* In: Online. https://goo.gl/TLluXN (Stand: 27.11.2016)

Statista (2016b): *Pro-Kopf-Aufkommen von Haushaltsabfällen* in Deutschland nach Bundesland im Jahr 2014 (in Kilogramm).* In: Online. https://goo.gl/Qfhc0v (Stand: 27.11.2016)

Statista (2016c): *Recyclingbranche in Deutschland.* In: Online. https://goo.gl/C5UdWJ (Stand: 27.11.2016)

Statistisches Bundesamt (2014): *Aufkommen, Beseitigung und Verwertung von Abfällen im Jahr 2014 in Tausend Tonnen.* In: Online. https://goo.gl/BXa9hz (Stand: 27.11.2016)

Statistisches Bundesamt (o. J.): *Aufkommen an Haushaltsabfällen: Deutschland, Jahre, Abfallarten.* In: Online. https://goo.gl/tHl4Lm (Stand: 27.11.2016)

Uken, Marlies (2007): *Greenpeace Magazin. Ausgabe 4.07. Der Müll und die Mythen.* In: Online. https://goo.gl/NOcpIu (Stand: 27.11.2016)

Umweltbundesamt (2015): *Mechanisch-Biologische Behandlung.* In: Online. https://goo.gl/f1UGTD (Stand: 27.11.2016)

GARTEN & BALKON

Wie Hobby-Gärtner der Natur helfen können

Bayerische Landesanstalt für Weinbau und Gartenbau (o. J.): *Der „intelligente" Blumenkasten. bienenfreundlich, insektenfreundlich, küchengeeignet, praktisch.* In: Online. http://goo.gl/SGwtSn (Stand: 27.11.2016)

BR (o. J.): *Startseite.* In: Online. https://goo.gl/FS2uRw (Stand: 27.11.2016)

Bundesministerium für Umwelt, Naturschutz, Bau und Reaktorsicherheit (2013): *Umwelt im Unterricht. Materialien. Hintergrund. Wirtschaft und Konsum. Ökosysteme und biologische Vielfalt. Die Biene: eines der wichtigsten Nutztiere.* In: Online. https://goo.gl/ts1sau (Stand: 27.11.2016)

Deutscher Imkerbund e. V. (2015*): Imkerei in Deutschland. Zahlen – Daten – Fakten (D. I. B.-Mitgliederstatistik)* In: Online. https://goo.gl/Z87ENT (Stand: 27.11.2016)

Deutschland summt (o. J.): *Tipps & Tricks.* In: Online. https://goo.gl/5NujLY (Stand: 27.11.2016)

Greenpeace International (2013): *Bees in Decline. A review of factors that put pollinators and agriculture in Europa at risk.* In: Online. https://goo.gl/XzgVXx (Stand: 27.11.2016)

LBV (o. J.): *Startseite.* In: Online. https://goo.gl/Zvt8af (Stand: 27.11.2016)

NABU (o. J.a): *Schritt für Schritt zum Naturgarten. Mehr Freude am Garten - machen Sie sich einen schönen Sommer!* In: Online. https://goo.gl/HXIcdN (Stand: 27.11.2016)

NABU (o. J.b): *Startseite.* In: Online. https://goo.gl/z2aGzl (Stand: 27.11.2016)

NaturGarten e. V. (2014): *Leitgedanken Naturgarten.* In: Online. https://goo.gl/shPM85 (Stand: 27.11.2016)

NaturGarten e. V. (o. J.): *Startseite. Willkommen beim Naturgarten e.V.* In: Online. https://goo.gl/JxiWv5 (Stand: 27.11.2016)

Netzwerk Blühende Landschaft (o. J.): *Garten und Balkon.* In: Online. https://goo.gl/qvxQfU (Stand: 27.11.2016)

Netzwerk Blühende Landschaft (o. J.): *Liste „Der blühende Balkonkasten".* In: Online. http://goo.gl/I424AB (Stand: 27.11.2016)

Uhde, Nicola (2014): *BUND-Einkaufsführer für torffreie Erden.* In: Online. https://goo.gl/20WRwR (Stand: 27.11.2016)

Uken, Marlies (2007): *Greenpeace Magazin. Ausgabe 4.07. Der Müll und die Mythen.* In: Online. https://goo.gl/NOcpIu (Stand: 27.11.2016)

Freizeit & Events

Wie man nachhaltige Mobilität umsetzt

atmosfair (o. J.): *Startseite.* In: Online. https://goo.gl/eYBcXY (Stand: 27.11.2016)

ARKTIK (o. J.): *Startseite.* In: Online. https://goo.gl/QgFkkP (Stand: 27.11.2016)

Deutsche Bahn AG (o. J.): *Fahrziel Natur.* In. Online. https://goo.gl/tCWPI8 (Stand: 27.11.2016)

DLR – Institut für Verkehrsforschung (o. J.): *Fahrleistungserhebung 2014: Wissenschaftliche Begleitung und*

Auswertung. In: Online. https://goo.gl/XTHDhC (Stand: 27.11.2016)

Herminghaus, Harald (o. J.): *CO2-Emissionen pro km vom Flugzeug, PKW, Bus und Bahn im Vergleich.* In: Online. https://goo.gl/TyOLiW (Stand: 27.11.2016)

Laubert, Benedikt (2015): *Kompensation für Klimaschäden. In Luft aufgelöst.* In: Online. https://goo.gl/sK2uWN (Stand: 27.11.2016)

myclimate Deutschland (o. J.): *Startseite.* In: Online. https://goo.gl/d6Hlcq (Stand: 27.11.2016)

Reichel, Bernd (2016a): *Pressemitteilung Nr. 333 vom 21.09.2016. 1. Halbjahr 2016: Starker Fahrgastanstieg im Nah- und Fernverkehr mit Eisenbahnen.* In: Online. https://goo.gl/o6nwO6 (Stand: 27.11.2016)

Reichel, Bernd (2016b): *Pressemitteilung Nr. 361 vom 07.10.2016. Boom bei Linienfernbussen hält an: 23 Millionen Fahrgäste im Jahr 2015.* In: Online. https://goo.gl/rTMWM3 (Stand: 27.11.2016)

Schwarzer, Christoph M. (2014): *Energiebilanz. So sauber ist das Elektroauto.* In: Online. https://goo.gl/XUqUYA (Stand: 27.11.2016)

Statistisches Bundesamt (2013): *Verkehr auf einen Blick.* In: Online. https://goo.gl/m9tZvx (Stand: 27.11.2016)

Statistisches Bundesamt (2016): *Fachserie 8 Reihe 1.1. Verkehr. Verkehr aktuell. 4 Kraftfahrzeuge. 4.2 Bestand an Personenkraftwagen nach Ländern.* In: Online. https://goo.gl/7UC3th (Stand: 27.11.2016)

Umweltbundesamt (2015): *Daten zur Umwelt | Ausgabe 2015. Umwelt, Haushalte und Konsum.* In: Online. https://goo.gl/lm6zls (Stand: 27.11.2016)

Umweltbundesamt (2016): *Radverkehr.* In: Online. https://goo.gl/W8p6kQ (Stand: 27.11.2016)

UNESCO-Welterbestätten (o. J.): *Startseite.* In: Online. https://goo.gl/iAGgyj (Stand: 27.11.2016)

VCD – Verkehrsclub Deutschland e. V. (o. J.): *Verkehrsmittel im Vergleich. Intelligent mobil.* In: Online. https://goo.gl/9KpbBd (Stand: 27.11.2016)

Volkssport Grillen: Eine Ökobilanz

Bambusgrillkohle (o. J.): *Grillkohle aus Bambus. Hochwertige Grillkohle aus nachhaltig wachsendem Bambus.* In: Online. https://goo.gl/e9LX6F (Stand: 27.11.2016)

Behörde Stadtentwicklung und Umwelt (o. J.): *Einweggrills schaden unserer Umwelt. Picknick-Alarm im Park.* In: Online. https://goo.gl/Lfj8nb (Stand: 27.11.2016)

BR Ratgeber (2016): *Richtig eingeheizt. Welche Grillkohle ist die richtige?* In: Online. https://goo.gl/Q9CiRB (Stand: 27.11.2016)

GuteKüche.at (o. J.): *Grillgut richtig entsorgen.* In: Online. https://goo.gl/d3eVtw (Stand: 27.11.2016)

Henneken, Anne (2008): *Soll ich oder soll ich nicht... Alufolie benutzen?* In: Online. https://goo.gl/Nqix7B (Stand: 27.11.2016)

McBrikett (o. J.): *Besser für die Umwelt und Ihr Gewissen.* In: Online. https://goo.gl/cShRFA (Stand: 27.11.2016)

OlioBric (o. J.): *Produkt. Grillen mit gutem Gefühl.* In: Online. https://goo.gl/X2b56D (Stand: 27.11.2016)

Sievers, Merle (2013): *Grillkohlen-Import. Wir brauchen Kohle!* In: Online. https://goo.gl/KFd4B1 (Stand: 27.11.2016)

Statistisches Bundesamt (2013): *Die Deutschen grillen bevorzugt mit polnischer Grillkohle.* In: Online. https://goo.gl/wSegkf (Stand: 27.11.2016)

TÜV Rheinland (2015a): *CO2 runter. Genuss rauf.* In: Präsentation TÜV Rheinland. In: Online. https://goo.gl/BLD8ej (Stand: 27.11.2016)

TÜV Rheinland (2015b): *kgCO2e pro Grillabend.* In: Präsentation TÜV Rheinland. In: Online. https://goo.gl/GSZYHb (Stand: 27.11.2016)

TÜV Rheinland (2015c): *Verhältnis Warenkorb zum Holkohlegrill [sic.] bezogen auf das Treibhausgaspotential.* In: Präsentation TÜV Rheinland. In: Online. https://goo.gl/3VpY70 (Stand: 27.11.2016)

Wikipedia (o. J.): *Aluminium. Aspekte der Ökobilanz.* In: Online. https://goo.gl/JH2I4k (Stand: 27.11.2016)

WWF (o. J.): *Holz und Papier. Nachhaltig genutzt. Sommertipp: Gutes Grillen will gelernt sein.* In: Online. https://goo.gl/5qiexI (Stand: 27.11.2016)

Von Green Weddings bis Klima-Weihnacht

ecowoman (o. J.): *Nachhaltige Partys machen Spaß und sind zeitgemäß.* In: Online. https://goo.gl/3cNOiE (Stand: 27.11.2016)

Gehrke, Christian (2011): *Kinderarbeit und tödliche Unfälle. Wunderkerzen aus kleinen Händen.* In: Online. https://goo.gl/xiR7E5 (Stand: 27.11.2016)

Schreier, Doro (2014): *Der bittere Beigeschmack vom Feuerwerk.* In: Online. https://goo.gl/9yZctI (Stand: 27.11.2016)

Umweltbundesamt (2015a): *Blei zu Weihnachten und Silvester.* In: Online. https://goo.gl/DRX6IV (Stand: 27.11.2016)

Umweltbundesamt (2015b): *Feinstaub durch Silvesterfeuerwerk.* In: Online. https://goo.gl/6nwYdo (Stand: 27.11.2016)

Richtig schenken: Ein Leitfaden

24 Gute Taten (o. J.): *Startseite.* In: Online. https://goo.gl/K1bkyY (Stand: 27.11.2016)

Amnesty Interantional (o. J.): *Startseite.* In: Online. https://goo.gl/q72Jlm (Stand: 27.11.2016)

Bergwaldprojekt (o. J.): *Startseite.* In: Online. https://goo.gl/xHCYMr (Stand: 27.11.2016)

Greenpeace (o. J.): *Startseite.* In: Online. https://goo.gl/k4K3yD (Stand: 27.11.2016)

LBV (o. J.): *Startseite.* In: Online. https://goo.gl/Zvt8af (Stand: 27.11.2016)

Lego (o. J.): *Home.* In: Online. https://goo.gl/LEFKDf (Stand: 27.11.2016)

Medecins sans Frontiers / Ärzte ohne Grenzen e. V. (o. J.): *Startseite.* In: Online. https://goo.gl/2ct7py (Stand: 27.11.2016)

NABU (o. J.): *Startseite.* In: Online. https://goo.gl/z2aGzl (Stand: 27.11.2016)

Oxfam Deutschland (o. J.): *Für eine gerechte Welt. Ohne Armut.* In: Online. https://goo.gl/S0tAJa (Stand: 27.11.2016)

Statista (2016a): *Geplante Pro-Kopf-Ausgaben für Weihnachtsgeschenke in Deutschland in den Jahren 2010 bis 2015 (in Euro).* In: Online. https://goo.gl/4b0IYE (Stand: 27.11.2016)

Statista (2016b): *Umsatz des Einzelhandels in Deutschland im Weihnachtsgeschäft in den Jahren 2005 bis 2015 (in Milliarden Euro).* In: Online. https://goo.gl/bXkVEF (Stand: 27.11.2016)

Steinhoff, Thomas et. al (o. J.): *nachhaltig schenken.* In: Online. https://goo.gl/VeyUXV (Stand: 27.11.2016)

Tollwood (o. J.): *Schmuck-Rohstoffe. Ein Leitfaden für die Beschaffung und Anfertigung fair gehandelter Produkte für den „Markt der Ideen":* In: Online. https://goo.gl/74pcHR (Stand: 27.11.2016)

ALLEIN TATEN SIND GEFRAGT

Über die Lüge, Gewohnheiten zu verändern

forsa (2014): *Vorsätze für das Jahr 2015.* In: Online. https://goo.gl/8gj71t (Stand: 27.11.2016)

Die Autoren

Leena Volland

wurde 1981 in Nürnberg geboren. Sie ist ausgebildete Redakteurin und Kommunikationswissenschaftlerin (M.A.). Seit vielen Jahren beschäftigt sie sich mit Nachhaltigkeit und den globalen Zusammenhängen und Konsequenzen des eigenen Konsumverhaltens. Sie lebt in Augsburg und arbeitet im Online-Marketing.

Florian Schreckenbach

wurde 1978 in Würzburg geboren. Nach dem Studium an der Universität Mannheim arbeitete er drei Jahre bei Capgemini als Managementberater. Seither ist er als selbstständiger Berater und Social Entrepreneur tätig. Nachhaltigkeit ist ein großer Themenbereich seines Lebens, insb. erneuerbare Energien und Minimalismus. Er lebt mit seiner Familie in Wiesbaden.

Der Blog nachhaltig-sein.info

2012 gründeten beide Autoren, verbunden durch ein leidenschaftliches Interesse am Thema, den Blog nachhaltig-sein.info. Ein Jahr später wurde er von den Vereinten Nationen Einzelprojekt „Bildung für nachhaltige Entwicklung" ausgezeichnet. Er ist ein ehrenamtliches Projekt mit Fokus auf die praktische Umsetzbarkeit im Alltag. Dieser Gedanke und der Blog sind auch die Basis für dieses Buch.

Website: www.nachhaltig-sein.info
Facebook: www.facebook.com/nachhaltigsein